初级汉语语段教学理论与实践研究

骆健飞　丁险峰　李　婷　牟世荣　著

图书在版编目（CIP）数据

初级汉语语段教学理论与实践研究 / 骆健飞等著 . --北京：中国书籍出版社，2019. 12

ISBN 978-7-5068-7621-6

Ⅰ. ①初… Ⅱ. ①骆… Ⅲ. ①汉语-对外汉语教学-教学研究 Ⅳ. ①H195. 3

中国版本图书馆 CIP 数据核字（2019）第 277597 号

初级汉语语段教学理论与实践研究

骆健飞　丁险峰　李　婷　牟世荣　著

责任编辑　王星舒
责任印制　孙马飞　马　芝
版式设计　马　超
出版发行　中国书籍出版社
地　　址　北京市丰台区三路居路 97 号（邮编：100073）
电　　话　（010）52257143（总编室）（010）52257140（发行部）
电子邮箱　eo@ chinabp. com. cn
经　　销　全国新华书店
印　　刷　廊坊市祥丰印刷有限公司
开　　本　710 毫米×1000 毫米　1/16
字　　数　150 千字
印　　张　9
版　　次　2019 年 12 月第 1 版　2019 年 12 月第 1 次印刷
书　　号　ISBN 978-7-5068-7621-6
定　　价　35. 00 元

本书受到教育部人文社会科学研究青年基金资助，项目编号：17YJC740064。

本书出版受到北京市支持中央在京高校共建项目资助。

序

一

在传统的语法研究和语法教学中，语段，或称句群、句组，一向不受关注，几乎没有立足之地。虽然黎锦熙先生早在1924年出版的《新著国语文法》第19章中已经开始了对句间关系的研究，虽然廖庶谦、张志公、吕叔湘诸位先生也曾谈到句间组合的问题①，虽然黎锦熙、刘世儒两位先生在1962年出版的《汉语语法教材》（第三编）中便专章讨论了句群的界定、构成手段、分类、句间关系等相关问题，却仍然没有改变这一状况。

直到20世纪80年代，张志公先生受教育部委托主持新教学语法体系的制订，形成《中学教学语法系统提要（试用）》，情况才有了根本性的转变。《提要》将句群列为五级语法单位中的最高一级，引起汉语母语学界的广泛关注，甚至出现了一个“句群热”的时期②。此前，张志公先生主编的《现代汉语》③的语法部分，也专门讲述句组的相关内容。

这里有一个十分重要的问题：自马建忠以来直到20世纪80年代，语法学者可谓众多，为什么关注句群者罕有？受西方汉语语法学影响，把句子视为最大的语法单位，因而不研究超句统一体④固然是原因之一，但处于同样的学术背景之下，黎锦熙、张志公先生却为什么不但关注这一问题，而且做出了实质性的成绩与贡献呢？

我们认为，黎锦熙先生之所以能够率先提出句群概念，对其给予充分重视，并身体力行地进行具体研究，可能同国外话语语言学的影响不无关系，但更重要的原因是他一直从事语法教学工作，特别是一直从事师范院校的语法教学工作，

---

① 详见廖庶谦《口语文法》、张志公《汉语语法讲话》、吕叔湘《汉语语法分析问题》。
② 陆俭明：《八十年代中国语法研究》，北京：商务印书馆，1993。
③ 张志公主编：《现代汉语》（中），北京：人民教育出版社，1982。
④ 葛校琴：《我对英汉句群的一些见解》，载《外语研究》1991年第4期。

“十分重视教学的实用性”[①]。师范院校的教学目的是培养师资，而师资毕业后是要去教普通学生的。这就使师范院校的语法教学除解释语法现象本身之外，还要说明研究语法在实际的语言运用中究竟有什么用途。黎先生在《新著国语文法》中，在讲完词类、句子之后，还要在第19章的“段落篇章”部分，对句间关系进行分析与说明，目的就是要表明学习与研究语法的目的与用途——理解和把握作者的思想脉络。这就必然要把研究范围扩展到句子之上，提出并研究句群也就是自然而然的事情了。“……文学上段落与篇章的研究，也不外乎引导学者去发现‘怎样’并‘为什么’把许多句子结合成群；各群之间，又是怎样的关系；因而发现对于模范读物，要怎样的效法才算最有价值：这也是研究上最自然的趋势。”[②] 黎先生的见解颇为深刻。

张志公先生也是长期从事语文教学和语文教材的编写与审定工作，他提出的“精要，好懂，有用”是语文知识教学的总原则，自1977年首次写入《中学语文教学大纲》后，一直延续到现在，被戏称为张志公“六字箴言”，对搞好语文知识教学起了重要作用。[③]“有用”指的是学生学了有用，而语言交际中最有用的语言单位莫过于句群。它体现了张先生的基本教学理念，与黎先生的上述认识可谓异曲同工，不谋而合。

综上所述，长期从事语言教学或语文教学，从教学实际出发，从培养学生的实际语言能力出发，重视语言教学的实际效用，是两位先生的共同经历与共同理念，也是他们能够关注句群与句群教学的根本原因。

二

20世纪80年代语言学界出现的“句群热”仅局限于母语教学，包括中学语文教学和部分大学中文系的现代汉语教学，对外汉语教学界则对此反应十分冷淡。虽然也有洪材章、杨石泉等[④]对语段教学进行过一些探讨，但整体而言，语段教学一直是一片空白[⑤]（吕必松，1994）。直到20世纪90年代，语段的教学与研究才得到一定程度的重视与发展。

这种重视与发展首先体现在对语段及语段教学的认识越来越明确。学界一向

---

① 田小琳：《语法和语法教学》，河南教育出版社、香港文化教育出版社，1990：176。

② 黎锦熙：《新著国语文法》（新一版），北京：商务印书馆，1992，引论第3页。

③ 张志公：360百科，https：//baike. so. com/doc/6156795-6370011. html。

④ 洪材章：《在基础汉语阶段进行语段训练好》，载《语言教学与研究》，1983年第1期。杨石泉《话语分析与对外汉语教学》，载《语言教学与研究》1984年第3期。

⑤ 吕必松：《对外汉语教学语法探索·序》，北京：语文出版社，1994。

重视成段表达，但其所谓“成段表达”，乃至所谓“大段表达”“整段表达”“语段表达”中的“段”，实际所指都是一段完整的话或一个完整的作品，与一般所谓“话语”“语篇”“篇章”的概念大致相当，并不是与句群、句组等义的语段。这里的问题是，“从单句到完整的话或完整的作品之间有一个很大的距离，不给学生任何台阶就想让他们跨过这段距离，恐怕会有相当的难度。这也许就是学生在成段表达方面存在问题的症结所在。换句话说，我们是想让学生从单句直接跳到话语篇章，却忽略了其间的一个必经阶段——语段（或称句群）教学”。①

人们进而认识到“成段表达能力包括把句子组成语段，把语段组成语篇的能力”②，明确提出了“语段”与“语篇”两个不同概念，并把语段视为由句子到篇章的中间环节。在教学上也充分认识到“建立句群教学则能提高学生的成段表达能力”③，“应适时地、尽快地投入语段教学”，并提出在教材编写中要贯彻“语段本位”的原则④。

随着人们对语段及语段教学认识的提高，在教学实践上进行了若干摸索与实践，并取得了一些初步的成果。例如：原北京语言学院二系五教从 1992 年初开始在本科三年级高级汉语课教学中进行语段教学实验，1992 年出版的房玉清著《实用汉语语法》专节收入了句群内容，1994 年出版的吴晓露主编《说汉语 谈文化》有专门的语段训练内容。

需要说明的是，进行上述语段教学的或是高级阶段的汉语综合课，或是口语课，或是语法知识课，在初级阶段的多种课型中尝试进行成系统的语段教学的研究与成果十分缺乏。

三

进入新世纪已近 20 年，虽然在汉语作为外语或第二语言的教学领域中语段教学与习得方面的论文时有发表，但整体情况并不理想，不仅对语段和语段教学的理论研究不足，语段教学实践也非常缺乏。因此，汉语教学领域急需开展具体、全面、深入的理论研究与教学实践研究，以提升语段教学的意识、效率与水平，提高汉语教学的效率与水平。

骆健飞、丁险峰、李婷、牟世荣四位老师合著的《初级汉语语段教学理论与实

---

① 张宝林：《语段教学的回顾与展望》，载《语言教学与研究》1998 年第 2 期。

② 吕必松：《华语教学讲习》，北京：北京语言学院出版社，1992。

③ 吕文华：《对外汉语教学语法探索》，北京：语文出版社，1994。

④ 陈灼：《试论中级汉语课的设计》，载《中高级对外汉语教学论文集》，北京：北京语言学院出版社，1991。

践研究》正是一部专门探讨语段教学的专著，该书定位于初级阶段教学，从理论与实践两方面比较全面、深入地进行语段教学的理论研究与教学实践研究，取得了十分重要的成果，对汉语教学领域的语段教学具有非常重要的借鉴与参考价值。

与黎锦熙、张志公先生的经历相类似，四位老师也是长期从事汉语教学工作，积累了丰富的语言教学经验，非常熟悉教学实际情况，深刻理解外国学生由于缺乏语段的理解与表达能力而给其学习与掌握汉语所带来的种种问题与困难。他们敏锐地抓住了语段教学这个教学实践中长期存在的薄弱环节，进行了具体而深入的理论研究和扎实的教学实验。他们能写出这样一部理论与实践并重的语段教学力作绝不是偶然的，对教学的充分了解与深刻理解，对语段知识的深入研究与把握，对语段教学方法的探索与总结，都是不可或缺的条件。我对老师们的不懈努力与坚持深感钦佩，为这样一部著作的出版感到由衷的喜悦。

我以为，该书具有如下特点，也是非常重要的优点。

1. 定位清晰，目标明确。“本书以初级水平留学生在语段表达方面存在的问题为立足点，讨论教师在相关内容的教学上的缺失和不足，在此基础上，根据国内外的语段、语篇相关理论，结合第二语言习得与课堂教学的研究方法，探索出一套切实符合初级水平留学生的教学方案，并将其编纂成为教材、教案和相关教辅材料，供师生使用。同时，我们收集了留学生课堂/课后练习、阶段测试中的各种语段表达素材，并加以比对、分析，发现他们在学习中存在的各种问题，据此提出较为完善的课堂讲练方法……”（见该书“1.4.1 研究思路”）

如上所述，目前初级阶段成系统的语段教学研究与实践颇为缺乏，本书针对这一现实问题，把初级阶段的语段教学作为研究目标，这是符合汉语教学的实际情况的，是非常有见地的认识与做法。从学生学习伊始就抓住这一问题，实实在在地进行语段教学，可以弥补汉语教学之不足，从根源上克服学生成段表达能力不足、效果不佳的问题。

在具体做法上，他们从教与学两方面入手，一方面观察、收集、分析“学生在学习中存在的各种问题”，另一方面反思与“讨论教师在相关内容的教学上的缺失和不足”，进而“提出较为完善的课堂讲练方法”。这样的方法是从教与学的两个实际出发进行研究，并把最终的研究结果落实到教学上，是非常恰当的研究路线，是可以取得预期的成效的。

2. 着眼学生，确保实效。本书的研究对象是“初级阶段留学生语段教学的教学方法”，而经研究得出的教学方法是否有效，学生是最为重要的决定性判定标准之一。本书首先具体界定了初级阶段学生的汉语水平是“掌握了 1200 个左右汉语常用词语”，研究中“所用的教学材料、用例用句的选择，都尽可能考虑贴近学生的实际水平，并设计适合初级阶段留学生的教学方法”。（见该书“前言”）显而易见，这种非常具体、有的放矢的研究具有很强的针对性，在一定程度上可以保证得出的教学方法的有效性和适宜性。

3. 了解现状，针对性强。本书明确指出目前“语段教学存在的问题”，包括“理论多，实践少；有大纲，但针对性不足；有内容，但缺少计划性；有练习，但缺乏系统性。”（见该书“1.3 语段教学存在的问题”）从其具体论述来看，这样的认识是符合初级阶段语段教学的实际情况的。而这种对现实情况的了解，特别是对不足与问题的充分了解，保证了研究的针对性。例如正是基于对上述问题的深刻了解，本书才把“探索出一套切实符合初级水平留学生的教学方案，并将其编纂成为教材、教案和相关教辅材料，供师生使用”作为研究的落脚点。

4. 研究深入，见解独到。由于本书作者对语段教学与研究状况的充分了解，研究目标明确，定位适宜，方法得当，具有很强的针对性，因而本书的研究相当深入，许多见解与做法具有独到之处。例如：

1）关于对语段教学的基本评价：“我们认为对外汉语语段教学的发展还不够成熟，还有许多方面有待改进。”（见该书“1.3 语段教学存在的问题”）

2）关于语段教学的开始时间：“语段教学从初级阶段的第二学期开始，中高级教学阶段进行语段到语篇的教学。因此初级阶段第二学期是语段教学的‘始发站’，也是向语篇教学过渡的中间环节和必经阶段。”（见该书“1.2 语段教学的提出和定位”）

3）关于本书的研究重点与原因：“目前国内的语段习得与教学，多以中高级汉语学习者为主要研究对象，本书认为，初级水平留学生同样有成段表达的需要，也同样需要语段表达方面的训练，否则他们的学习仍然停留在独立小句阶段，不利于他们的进步与提高，同时也不符合他们在中国生活的实际需求，因此，本书旨在探索适合初级阶段留学生的语段讲练模式……”（见该书“1.4.3 创新之处”）

4）关于偏误原因与研究方法：“留学生成段表达能力不足，原因很多，从教的角度反思，我们认为其中重要的原因在于我们的教学大纲、教材、课堂教学缺少具体内容。”（见该书“1.5 小结”）“本书采用语料分析和教学实验相结合的研究方法。在语段表达的习得过程研究方面，一些学者通过分析学生的偏误，在偏误分析中，研究者也多将产生的偏误归因于母语负迁移、学习时间短、驾驭汉语能力弱、汉语语感差等。本书则注重学生在语段表达中的全面表现，并采取实证的方法，根据实际语料表现及相关的教学实验，提出更适合留学生习得的方案……”（见该书“1.4.3 创新之处”）

这些观点颇具特色，笔者深表赞同。

5. 教学设计完整，便于推广借鉴。该书以《成功之路·进步篇》这样一部教材为考察对象，根据叙事、论说两种表达功能，每种表达功能分别按照三种结构框架（叙事：话题链的零形式、语篇内部的时间连接成分、具有重要衔接连贯功能的词和短语；论说：从表象引申到道理、用转折的方式表达自己的观点、总述、分述的方法），从全部 24 课中概括出 70 个语段结构框架；把每个结构框架的教学过程分为七个教学步骤，即 1. 问题导入；2. 教师提问，学生回答；3. 口语表达训练；4. 替换练习；5. 讲解与归纳；6. 随堂练习；7. 布置课后作业。整个教学设计从宏观到微观，方案非常完整，步骤十分清晰，如果使用该套教材，特别易于在教学过程中加以落实。即使使用其他教材，按照其思路进行分析归纳，也是很容易落实语段教学的思路和做法的。该书还附有“语段练习教辅材料”，充实了练习材料，极大地方便了教学。

本书也存在一些尚需推敲之处。例如对复句与语段关系的处理似有矛盾：书中既有二者并列、分为两级单位的表述，举例分析某些语段时实际分析的却又是复句。对某些例证的分析也似乎还可斟酌。例如：

(9) 两年前，我看了一部中国美女演员们的电影。以后，我自己学习汉语。现在我来北京学习汉语。

作者认为：这些句子单独来看，都是正确的小句，但是在时间连接方法上，却存在较为严重的偏误，应该改为“两年前，我看了一部由中国漂亮的女演员们出演的电影，从那以后，我就对中国电影产生了兴趣，并迷上了汉语。后来，我决定到中国留学，于是我来到北京开始学习汉语。”（见该书“3.1 引言”）而在笔者看来，此例之误仅在于“以后”单用表示说话时的以后，和后面的“现在”在时间上矛盾。而将其改为“从那以后”，时间上的矛盾就不存在了。仅从该语段能否成立的角度看，也就没有问题了。

数日前，牟世荣老师发来书稿，请我作序。我非常感谢老师们的信任。细读全书，认为他们的工作非常有意义，研究非常深入，结论很有启发和借鉴价值，必将极大地推动与促进初级阶段的语段教学与研究。因而写下上面的文字，以求教于作者和广大读者。

张宝林

2019 年 8 月 10 日于北京语言大学

前　言

本书主要探讨的是初级阶段留学生语段教学的教学方法。这里初级阶段的标准是掌握了1200个汉语常用词语（依据国家汉办的《国际汉语教学通用课程大纲》），因此，所用的教学材料、用例用句的选择，都尽可能考虑贴近学生的实际水平，并设计适合初级阶段留学生的教学方法，供教员参考。

第一章为本书写作的缘起、依据等，对行文的出发点进行了基本的阐释，也说明了本书的研究思路、研究方法和主要创新点；第二章为相关文献综述，语段教学在各种水平、各种课型上都有一些论述，本章将这些论述分类汇总，并加以总结、评论，据此提出本书的研究视角和研究内容；第三章探讨了初级阶段语段框架的具体内容，本章结合《成功之路·进步篇》的相关内容，找出了诸多语段表达的框架，并提供了写作的结构和范本；第四章建立在第三章的基础上，着重探讨如何将这些语段框架运用于教学实践中，从课堂教学的实际出发，设计了教学方案、教学环节和教学步骤；第五章从理论和实践上验证了前述教学材料、教学方法的可行性和有效性，通过设计对照组和实验组的方法，证明了初级阶段语段教学的必要性和有效性；第六章讨论了如何编写初级阶段的语段训练材料，并通过案例分析，探讨了编写、使用语段训练材料的方法和注意事项。

本书的写作主要以《成功之路》系列教材为研究素材，并据此设计了一套完整的语段教学方案，当然，这套方案也可以适用于其他初级阶段对外汉语教材，也欢迎汉语教师在使用其他教材时，实践这套教学方法，并得到新的教学素材和研究结论。

本书可供大学学历教育、非学历教育的教师、教员使用，作为相关的语段学习与训练参考书籍，以及口语选修课、写作选修课的配套教材使用，在对外汉语教学中有较为广泛的应用。另外，由于该书注重理论与实践相结合，且充分吸收前沿理论，因此也可供汉语教学研究者使用，为他们的科研提供素材和思路；同时，本书也可作为汉语国际教育专业研究生的配套教材，为他们初步了解初级留学生常用语言表达手段及讲练办法提供参考。

目 录

第一章　选题缘起与研究主旨

1.1　引言

我们时常听到教授留学生的汉语老师说：从初级升到中高级的学生，有的只会“蹦出”单个的句子，缺乏成段表达的语言能力；有的学生即使能成段地表达，但是说出的话让人听起来总有不顺畅、不自然、不地道的感觉。比如：

（1）我是泰国人，我今年20岁，我在北京语言大学学习汉语。

（2）两个人来到了一个偏僻的地方，一连几天都没看到一个人家。有一天跟一个当地的人见面了。

（3）他们发现他只会一点儿他们的语言而跟那个人聊天儿。

（4）昨天我病了，即使我病了，但是我来上课了。

（5）马丁对中医产生了兴趣，所以他现在有一个想法，所以他决定去中医药大学学习汉语，因为他将来要当一名中医大夫。

（6）老中医让他伸出左手。老中医把手指轻轻地放在马丁的左手腕上，给马丁号脉。

可以说，类似的表达随时都可能发生，让教留学生的老师感到困惑。这一现象说明：外国学生能说一个一个的单句，但是把几个句子连成一段话时，就会出现结构连贯不当、语义不合逻辑、成分冗余或者缺失的问题。

按照国家汉办（2002）《高等学校外国留学生汉语教学大纲》的要求，学生在完成了初级阶段的学习后，应该具备初步的小语段的表达能力；吕必松（2012）在《华语教学新探》一书中为初级汉语水平设定的标准似乎更高，如：“能用汉语进行工作交谈和社交活动，能担任初级翻译”“成绩优秀者如果其他条件也合适，经过教学培训，可担任幼儿和小学低年级汉语教师。”

将学生的现实水平与大纲和吕先生制定的标准进行对比，差距不能说不大，这说明我们的初级汉语语段教学存在不少问题，现状亟待改善。

本书拟重新定位语段教学，认为语段教学与语素、词语、单句、复句等语法内容具有同等重要的地位，进而探寻语段教学在认识、实践中存在的问题，希望引起业界同行的足够重视，提高对外汉语语段教学的效果。

1.2 语段教学的提出和定位

20 世纪 80 年代前国内的语法研究与教学只到句子，句子是语法研究和教学的最大单位，80 年代以后，中学语法教学体系把句群（语段）作为一级语法单位，引起了语法学界的热烈讨论。但是“直到 20 世纪 90 年代，语段教学才日益引起对外汉语教学界的重视”（吕文华，2012），自此语段被认同为语法结构的最大单位，在语法学界和对外汉语教学界引起了广泛关注。

“句子是语言的使用单位，但尚不足以充分表达说话人的意愿。能够充分表达意愿的是语段。语段在各级语法单位中占有重要地位，是学生最需要掌握的语法内容。”（张宝林，2005a）

“语段便于界定与识别，有明晰的中心意思，利于组织教学……尤其是初中级阶段，以语段作为训练的对象，由于其规范、单纯、短小，操作起来比较具体、简易，利于分析和训练。”（吕文华，2012）

从以上专家的表述中可以看出，语段、语段教学在语法体系、语法教学中具有不可或缺的重要地位，语段的结构特点使语段教学具有很好的操作性。那么什么是语段？语段与句群、篇章、语篇、话语等概念有何异同？语段教学应该始于哪个教学阶段？学界对这一系列的问题已经基本有了定论（张宝林，2005a；陈福宝，1998；刘月华，1998；彭小川，2004；罗青松，1996；李小丽，2001），具体内容参见本书第二章文献综述部分，这里不再赘述。

一般来说，语段被定义为大于复句、小于语篇的语言单位，由两个或两个以上前后连贯并有明晰的中心意思的句子组成。语段的形式简短，但是已经包含了语篇的基本衔接形式和语义关系，是构成语篇的基本单位。语段教学主要指语段内部结构、语义、逻辑等的连贯、衔接方式的训练，学生要获得成段表达的能力就要掌握语段的连贯、衔接手段。

学生汉语表达能力的习得是分层次获得的，即从语素到词语、单句、语段，最后到语篇表达能力。其中语素—词语—单句层面的表达一般在初级阶段的第一学期可以完成，语段教学从初级阶段的第二学期开始，中高级教学阶段进行语段到语篇的教学。因此初级阶段第二学期是语段教学的“始发站”，也是向语篇教学过渡的中间环节和必经阶段。作为语法教学的最高阶段，它与语音、词语、句型的教学同等重要，应该引起足够的重视。

1.3　语段教学存在的问题

经过一个学期的学习后，很多留学生单句表达基本正确，但成段表达能力不足，说明语段教学是一个薄弱环节。下文分析语段教学存在的问题。

1.3.1　理论多，实践少

自20世纪80年代末、90年代初以来，语段和语段教学的研究成为了热点，“表现在研究角度全面，研究方法多样，研究内容丰富”（郭利霞，2009）。对外汉语教学界认识到了语段教学的重要性，在对外汉语教学中引入语段教学已经成为对外汉语教学界的共识。在此过程中，我们的教材编写、课堂教学、测试中都不同程度地引入了语段的内容，取得了一些成绩。但目前呈现的状态是有理论有共识，但相应的实践不够，语段教学的发展依然缓慢。以教材为例，我们考察了自1999年至2008年出版的几部教材，包括《汉语教程》（杨寄洲主编，北京语言大学出版社，1999年）、《阶梯汉语·中级精读1》（赵新、李英主编，华语教学出版社，2004年）、《成功之路》（邱军主编，北京语言大学出版社，2008年）、《初级汉语精读课本》（鲁健骥主编，北京语言大学出版社，2008年）。在这些系列教材中，用于初级的教材只有《初级汉语精读课本》做得较好，有意识地在语法项目中安排了语段教学的内容，《汉语教程》没有语段教学、语段训练的内容，《成功之路》只在练习中零星地出现，《阶梯汉语·中级精读》在课后练习中安排了语段练习。

语段教学是语篇教学的必经阶段，初、中级语段教学训练的缺失是不符合汉语交际的实际需要的，也是不符合培养学生综合运用汉语的实际能力的教学宗旨的，必然会对教学产生十分不利的影响。

1.3.2　有大纲，但针对性不足

2002年由国家汉办主持出版的《高等学校外国留学生汉语言专业教学大纲》（长期进修）在其“大纲附表的制作说明”一节中提到“重视语段，……在附表里尝试着提出了一个语段教学的雏形”。它对初级阶段和中级阶段语段教学的表述分别是“进行短小的语段练习”“训练初步的成段表达能力”。在更为具体的初、中级的语法项目表中，出现了语素、词类、结构、句式、固定格式、复句等项目，但是没有出现有关语段的项目；语段作为语法项目只出现在了高级教学阶段，也只是轻描淡写地在大纲中提出了要求。这样只提要求不在项目上做出规定，形同虚设，很难落实到教学实践中。

大纲中将初级阶段的语法项目分为“初等阶段语法项目（一）”和“初等

阶段语法项目（二）”，对各项目提出了分层级的具体的要求，如在上述语法项目（一）和（二）的“句式”这一项中，都出现了“是”字句、“有”字句、“是……的”句、连动句、兼语句、“把”字句、“被”字句、比较句，对这些语法项目的两个层级提出了具体、有连接的要求，哪个阶段学习句式哪个点，大纲做出了明确的规定，这样教材、教学就可以有的放矢，有章可循了。学生经过有的放矢的训练，具备较好的单句表达能力也就是水到渠成的了。

反观语段教学，大纲中只提出了语段教学的要求，没有像对单句那样做出具体的语法项目规定，教材、教学就难以明确落实，老师们的概念笼统而模糊。课堂教学中，知道要在初级阶段第二学期培养学生的成段表达能力，但是语段内部在结构上有哪些连贯方式、在语义上又有哪些衔接手段，如何在教学中针对不同的内容和要求进行训练，都不是很清楚。因此可以说尽管有纲领性的要求，但是语段教学阶段的训练方法没有做到有的放矢，操练中缺乏具体的目的，只是空泛地为学习课文、完成练习而进行语段表达。

1.3.3 有内容，但缺少计划性

我们知道，语段内部各句之间存在着一定的语义衔接和结构连贯关系，这些衔接和连贯的实现是有一定规律可循的。语段教学的主要内容包括各种句子衔接方式、结构连贯手段、逻辑顺序衔接手段和词语衔接方式等，如指代、省略、重复、替代、添加等，这些内容需要在教学中有计划地安排、训练，才能转化为学生的表达能力。同时语段在衔接、连贯的方式上有涉及面广、内容多、数量大的特点，必须将它们由易到难地安排在各层级、各课型的教学中，才能提高教学的有效性。

从教学安排来说，一般从初级（下）阶段开始成段表达的教学，以综合课为核心的各种课型都按照教学大纲的规定进行分技能的语段训练。教材、课堂教学、课后练习、测试等无不围绕成段表达这一目标在进行。教学内容全面、教学题材丰富、教学素材有趣，体现了对语段教学的高度重视。然而问题是，丰富的教学内容只是为了完成具体的教学任务，而具体的教学任务却不能有计划地将训练语段连贯、衔接方式涵盖进去。综合、读写、听说教材每课都围绕一个话题从不同角度大量输入信息，输入的信息与学生原有知识重新建构，并促成新信息的输出。这样做固然能很好地刺激学生的输出，但是缺乏系统性。如学生的产出会出现语段表达的错误，教学中能否根据学生的错误类型有计划地用语段的知识引导学生纠错，能否在一段时间解决语段表达的一个问题，在接下来的一段时间解决另一些问题，让人存疑。

根据调查，语段的连贯和衔接手段有难易度的区分，留学生在习得这些表达手段时的偏误率也有所不同，如陈晨、马燕华对不同国别学生进行了调查后认为，省略不当是留学生偏误的主要原因，分别占偏误率的33%和85%（转引自吕文华，2012）；王晨认为省略是较为简单的连接方式，“学习者在初级阶段的复句学习中已大量地见到过”，可以先教省略（王晨，2007）。“省略的成分不仅有主语，也有定语、宾语、谓语等，不仅名词可以省略，动词、小句等也可以省略，但作为初级阶段的语段学习，我们建议，入门时先只讲主语的省略，……在稍后的教学安排中，可以讲一些定语的省略（吕文华，2012）。”

业界对语段和语段教学的研究还是比较充分的，如果我们能将这些研究引入教学，根据语段表达手段的难易程度、偏误率高低等进行合理的教学安排，相信学生的语段表达能力会有一定程度的提高。

1.3.4　有练习，但缺乏系统性

有的初中级教材中出现了语段训练的练习，如《阶梯汉语·中级精读1》《成功之路·进步篇》（用于初下阶段）。前者以“语段填空”的形式出现，但编者的意图更多的是要帮助学生巩固所学生词，而不是系统地进行语段表达的训练。如《阶梯汉语·中级精读1》第二课的语段练习是这样的：

（7）语段填空练习

(颤抖　抽空　忍心　可是　一句　苦恼　很为难　治好　小心翼翼　流着眼泪　喝着喝着　舍不得)

老虎请猫________过来喝酒，________，老虎________地叹了一口气，猫________地问：“大王有什么地方不舒服吗?”老虎________说：“有件事我觉得______，想和你商量商量。我得了一种奇怪的病，需要猫骨头蒸水才能______。”猫听了吓得全身________，________话也说不出来。老虎放声大哭：“你是我的兄弟，我怎么能________用你的骨头呢？我真________你呀，________我没有别的办法呀!”

练习：用自己的话把老虎和猫的故事讲一遍。

《成功之路·进步篇1》第九课的练习是这样的：

（8）选词填空练习

阿凡提去参加一个婚礼。

主人刚把各种点心、水果摆上桌子，身边的一个人就急急忙忙地开始吃了，一边吃，还一边往上衣口袋里装。

这些都被________（他　阿凡提）看到了，________（他　阿凡

提）觉得很不愉快。他慢慢地拿起一把茶壶，来到________（他　那人）面前，一只手抓着那人装满食物的上衣口袋，一只手往________（他　那人）口袋里倒茶水。"阿凡提，你这是干什么？"________（那人　他）生气地说："你怎么往我的口袋里倒茶水？""啊！刚才我看见您的口袋吃了不少点心、水果，我担心________（口袋　它）渴了，所以……"________（他　阿凡提）回答道。

练习：几个人一组，用自己的话讲一讲上面的故事。

编者的目的是想通过"选词填空"使学生了解指称和替代的语段表达方式，这样的练习形式目的很清楚，可惜这类针对语段的练习只是"昙花一现"，没有在后续的练习中做出系统性的安排。好的想法没有持续的训练，教学效果难免打折扣。

以上分析了语段教学在大纲规定、教材编写及课堂教学中存在的一些问题。我们认为对外汉语语段教学的发展还不够成熟，还有许多方面有待改进。本书就语段教学进行了有益的尝试，下边谈谈本书的研究思路、研究方法以及创新之处。

1.4　本书的研究思路、方法与创新之处

1.4.1　研究思路

本书以初级水平留学生在语段表达方面存在的问题为立足点，讨论教师在相关内容的教学上的缺失和不足，在此基础上，根据国内外的语段、语篇相关理论，结合第二语言习得与课堂教学的研究方法，探索出一套切实符合初级水平留学生的教学方案，并将其编纂成为教材、教案和相关教辅材料，供师生使用。同时，我们收集了留学生课堂/课后练习、阶段测试中的各种语段表达素材，并加以比对、分析，发现他们在学习中存在的各种问题，据此提出较为完善的课堂讲练方法，这些数据也可以供其他研究者继续使用。

1.4.2　研究方法

本书采取文献分析法、实证分析法相结合的方式，在充分梳理、回顾国内外学者关于语段、篇章相关文献的基础上，确定教学材料和选材内容，并通过设计教学方案、教学实验，切实提高语段教学水平，为汉语语段教学提出参考建议。在实施研究中，主要包括以下三个方面。

首先是语料分析。在本书中，对留学生语段产出的语料进行收集和分析是一项重要工作，也是一种重要的研究方法。在处理学生语料时，我们使用了自动切

分软件，对学生书面材料的每个句子进行切分，并在事后进行人工校对。在此基础上，我们还参考《汉语水平词汇与汉字等级大纲》，对学生用词的难度进行标注，并对学生使用的词汇逐一进行“甲、乙、丙、丁”不同级别的标注。在字词标注的基础上，我们考察了语段表达的完整性、连贯性、照应性以及流畅度等，由多位研究人员进行系统的评估和分析，将这些全部录入数据库后，通过大规模的计算和统计分析，发现留学生在习得语段表达手段中的语言表现及其存在的问题，并提出有针对性的解决方案。

其次是教学实验。本书的一个重要研究方法就是组织教学实验。我们在高校中申请了实验班级和对照班级，就新的教学方法进行了课堂教学实验。具体的操作方法是：每组实验周期为一学期，其中实验班在完成基本教学任务后，适当减少其他内容的教学时间，然后在每周的教学中加入约30分钟的语段表达方面的讲解与操练，讲解语段表达的技巧，连贯、衔接的方式，针对指定话题进行描述等。在学期中和学期后，我们编制了测试题目，考察新的教学方案是否对留学生的语段表达能力确有提高，以及有哪些方面的促进作用。

最后是问卷调查。我们在教学前、教学中和教学后，编制相关的调查问卷，询问学生在做成段表达时，常会遇到哪些问题，犯哪些错误，存在哪些学习难点；询问教师在进行成段表达的教学和测试时，会教授哪些知识点，使用何种操练方法等，这些反馈可以帮助我们总结经验，不断提升语段的教学效果。

1.4.3　创新之处

本书首先探索了适用于初级水平留学生的语段表达讲练模式。目前国内的语段习得与教学，多以中高级汉语学习者为主要研究对象，本书认为，初级水平留学生同样有成段表达的需要，也同样需要语段表达方面的训练，否则他们的学习仍然停留在独立小句阶段，不利于他们的进步与提高，同时也不符合他们在中国生活的实际需求，因此，本书旨在探索适合初级阶段留学生的语段讲练模式，是创新点之一。

其次，本书采用语料分析和教学实验相结合的研究方法。在语段表达的习得过程研究方面，一些学者通过分析学生的偏误，在偏误分析中，研究者也多将产生的偏误归因于母语负迁移、学习时间短、驾驭汉语能力弱、汉语语感差等。本书则注重学生在语段表达中的全面表现，并采取实证的方法，根据实际语料表现及相关的教学实验，提出更适合留学生习得的方案，也是一个创新点。

1.5　小结

留学生成段表达能力不足，原因很多，从教的角度反思，我们认为其中重要的原因在于我们的教学大纲、教材、课堂教学缺少具体内容。语段教学应该从学生学完基本句型的初级（下）阶段开始的看法已成为共识，但是教学大纲对初级阶段提出成段表达的要求却没有明确规定（只在高级阶段做出了规定），无疑使语段教学流于空泛；由于初级阶段的教材较少呈现语段表达知识，课堂教学中老师们语段教学的意识笼统模糊，不能有计划、有目的地将语段表达的各种连贯衔接知识引入课堂，进行有针对性的教学。语段教学的效果远不如句型教学事倍功半，与我们的预期差距较大，是亟待解决的问题。

第二章　语段教学的相关研究综述

语段，也称句群，大多数学者认为是指比句子大一级的语法单位，是由前后衔接连贯并由一个中心思想的一组句子构成的语言片段（张宝林，2005a）。语段教学，在对外汉语教学界也惯称“成段表达”，是贯穿初中高整个汉语教学过程的主要教学内容之一，也是培养留学生语篇能力必经阶段，更是目前对外汉语教学界亟待攻克的教学难题之一。下文以年代为线索，分别梳理不同时期语段理论与教学研究的成果及教学实践。

2.1　20 世纪 80 年代的相关研究

对外汉语教学界对留学生书面语段产出的教学研究较早可追溯到 20 世纪 80 年代。当时不仅语法学界对句群的问题展开了非常热烈的讨论，出现了“句群热”（陆俭明，1980）；而且，专注于汉语为母语教学的指导性纲要《中学教学语法系统提要（试用）》提出了将“句群”列入汉语的五级语言单位之一，国内中学大学的教材中添加了相关的教学内容，强调培养学生成段表达能力。田小琳（1986）《句群和句群教学论文集》近 30 万字，收录了 55 篇 80 年代以来关于句群的论述文章。与此同时，尚处于襁褓之中的对外汉语学界对此关注的热切程度虽不及前二者，但也不乏有识之士燃起星星之火响应：李守田、佟士凡（1980a）明确指出，学生学习汉语多年却水平不达标，在语言实践中出现思路混乱、句与句脱节、前后不连贯的情况，究其原因是“汉语学习一般都还停留在解词和分析句子上，严重忽视语段教学这一重要环节”，并提出进行语段教学要“结合书面语的语言材料（课文），引导学生认真分析各种类型的语段结构，掌握它们的共同规律”“采用多种练习形式，有目的的培养学生组句成段的表达能力”。刘镰力（1980）和李玉敬、孙瑞珍（1980）则分别结合“高年级文选课”和“短文教学课”两种不同的课型，探讨了如何培养学生的成段表达能力，一致认为成段表达的训练方式多种多样，但必然有一个由“死”到“活”的过程，也就是让学生按要求回答问题或复述课文内容，然后鼓励学生活用所学内容自由表达自己的见解。相较于这三位前辈基于教学实践的总结经验式的论述，杨石泉（1984）则旗帜鲜明地将话语分析理论与对外汉语教学的实际问题联系起来思考，文中不仅从整体上介绍了话语分析的概念、任务、方法，还指出“语段分析”是话语分析的四大方法之一，包括语段内部结构分析和语段外部结构分析，其中外部结构在我国是属于篇章学，已有的文献和经验不少，但语段内部结构分析是最难的，诸如“一个语段（句群）是怎么组织起来的?”“句子与句子之间的关系都有哪些?”“句子的连接有什么规律?”“能不能找出一套表述句际关系的科学术语?”等等都是国内外学者正在研究的课题。此外，文章还结合口语课、写作课、短文/文选课、语法课、阅读课和听力课六种对外汉语教学课型的特点来阐释话语分析理论跟对外汉语教学的关系，很有教学指导价值。总体而言，这一时期关于“语段及相关对外汉语教学”的研究成果不多，且大多为经验总结性质的，缺乏对大规模留学生语料的定量考察和定性分析，跟语言学理论的结合也很薄弱。

2.2　20世纪90年代的相关研究

进入90年代后，随着对外汉语教育事业的进一步展开，留学生教学实践的深入，语段教学的需求日益旺盛，相关内容的理论思考和研究实践也继续往前推进。房玉清（1992）《实用汉语语法》出版，意味着第一部专门收入“句群”的对外汉语教学语法教材问世；之后，1995年出版的《中高级对外汉语教学等级大纲》的语法部分中列入了两大类14种语段，“标志着语段作为一级语法单位正式进入了对外汉语教学”；紧接着，1996年国家汉办汉语水平考试部主持的《汉语水平等级标准大纲与语法等级大纲》颁布，明确将“句群”单列在《大纲》丁级语法项目的第11项等等。诸此种种，无不证明对“语段（也称句群）”教学的重视由之前零星微光的呼吁正式转为对外汉语教学界必须正视并着力实践的纲要性内容，相关的研究成果也随之越来越多，主要可以归纳为以下几个方面：

（一）阶段性总结的综述类文章。比较有影响的是张宝林（1998）的文章，作者介绍了留学生成段表达难题被提出来十多年却依旧顽症难缓的现实，并通过梳理“语段”概念和总结已有成果来探讨后续研究可以从“语段本体研究”和“语段教学方法研究”两个方向来展开。前者包括“语段的概念和性质”“语段的基本特征”“语段的分类”“语段的结构方式”“语段和复句的关系”“语段的生成策略与心理过程”等六个方面；后者可以尽可能多地搜集大量真实语料，围绕“教什么”“怎么教”“语段教学与单句及篇章教学如何衔接互助”诸问题来展开和深入研究。陈福宝（1998）观察到当时的留学生汉语教学对语段写作训练重视得很不够，故而造成学生虽然单句表达基本正确但成段表达存在许多问题，从语段写作训练的“必要性”“可行性”以及“怎样进行语段写作训练”（如给模式、给话题句、给扩展句、组句成段、填关联词语、改病句等多种方式）三个方面提出对外汉语语段写作训练的改进建议。

（二）写作、听力、口语、阅读、语法不同课型的语段教学问题探讨。就写作课而言，张炎荪（1991）指出了留学生写作练习中存在“不能正确地组织句子成语段”的问题，并提出了引导学生写好语段需要注意的问题，即“表意要单一集中”“结构要连贯畅通”“表述要条理清晰”“不同文体主要运用的语段的类型不同，不同类型语段有各自的基本性质和要求”。陈福宝（1998）指出“从实际的对外汉语写作教材和教学来看，当时的语段写作训练存在着‘总体情况随意性过多，规范性不够，理论性过多，操作性不够’的问题”，强调语段写作训练是对外汉语写作的重要组成部分，必须得到应有的重视。文章还阐述了语段教学的可行性，并提出了进行语段训练的六种方式，即“给模式、给话题、给扩展句、组句成段、填关联词和改病段”。就听力课而言，齐燕荣（1996）指出“对外汉语的听力教学，尤其是到了中高级阶段的语段听力教学，需要在有关语段的语言理论指导下进行”，并运用话语分析理论归纳出语段听力的两大难点，即语言结构障碍和交际功能障碍。前者主要是指生词、语法结构、语义内聚三个方面的问题；后者则主要是学生因对目的语语段的语境缺乏敏感性或者对会话配合原则的把握不准而无法理解其“言外之意”。就口语课而言，田然（1997）则以中高级阶段留学生产出的口语自然语段和原始课堂复述语段录音为研究语料，分别分析其表达中出现的各种问题。在自然语段表达中，阻碍学生流畅表达的最主要问题之一就是“词汇问题”。这一阶段的学生虽然输入的词汇量可能已达三四千甚至更多，但是可输出的词汇少得可怜，再加上“就易”心理的作用，表达时就会出现词汇和短语贫乏或错用，表达呈现出简单化倾向。此外，还有句式和形式、语义连贯方面的问题。就句式问题而言，主要是指语段中句式的选用要受到上下文篇章因素的制约，学生表达是常对此难以把握而出现比较别扭的表达。如“白头山是韩国人精神上的象征，现在呢，韩国和朝鲜分开了，还有一个统一的象征。”该句为并列结构，后句受到前一句式的制约，得用“所以也是……的象征”才更能体现篇章的整体平衡性。就形式连贯问题而言，则主要是指连接词的贫乏与滥用，特别是指同形式不知道如何换用。比如文章对上万字的语料进行调查，发现没有一个学生在介绍或评述时用“至于”来转移话题。就语义连贯问题来说，主要是指学生常常无法理解话语传递的附带信息而产生的表达出错。比如“顾客挑中哪种款式，他们就给顾客做哪种。顾客看衣服，挑一挑 a，可是他还是不满意 b”。该句法分析上无任何问题，但是语义表达前后矛盾，因为 a 句语义蕴涵“短时动作”，b 句语义蕴涵“已经经过了长时间的选择挑选”。另外，在复述语段中表达出现的主要是“指同词混乱（特别是人称混乱）”和“对原句盲目照搬”两大方面的问题。就阅读课而言，李宝贵（1999）指出语段教学是阅读课教学研究中的一个新课题，并从阅读教学策略、语言学习、语言表达与语言检查四个方面讨论了语段教学的意义，提出了语段教学的就是培养学生的认读能力、理解能力、阅读的迁移与运用能力。语法课而言，彭小川（1999）探讨并尝试了在中级阶段语法课教学中进行语段训练，提出了“对比辨析，打好衔接基础”“阅读语段，体会结构关系”“循序渐进，进行综合训练”三大教学步骤。

（三）其他方面相关的语段教学研究。刘月华（1998）指出，在不同的语体中，句子连成段落的连接成分与连接方式等等都有所不同（比如在非对话体中“叙述体”“描写体”“说明体”“议论体”等也有所不同），研究时要区分语体。

2.3　21 世纪以来的语段研究成果

进入 21 世纪至今，短短十九年的时间，汉语国际教育事业以前所未有的速度蓬勃发展，培养留学生成段表达能力的需求日益迫切，国家汉办 2002 出台的《高等学校外国留学生汉语语言专业教学大纲》（二年级语法项目表）和《高等学校外国留学生汉语教学大纲（长期进修）》（语法项目表第 7 项）都单列“语段”项目要求。这些国家汉办组织研制并发布的教学大纲面向全国的对外汉语教学，具有行业标准与规范的意义。把语段列入教学大纲，标志着在对外汉语教学中必须进行语段教学。相应的语段教学的研究也如火如荼地展开，主要表现在如下几个方面。

2.3.1　语段本体的研究

张宝林（2001）采用了定量与定性相结合的研究方法，讨论了语段的语义中心的获取办法及表现形式，认为中心句式语段最根本的构成要素，提出了“从确认中心句入手”“从不同类型语段的结构规律入手”和“概括‘蕴涵’式语义中心”三种方法来获取语义中心；同时也归纳出了七种语义中心的表现形式，并依此提出了以“话题-中心句”形式作为语段教学重点。吕文华（2012）针对现行教学中存在的语段和语篇概念模糊、语段教学内容如何选择、语段教学怎么样分布等问题展开了讨论，并提出了相应的建议。

2.3.2　不同课型、不同阶段的语段教学研究

1. 口语课语段教学研究

首先是初级口语的研究。李小丽（2001）在对比两个初级水平的实验对照班（一个班在口语课教学中加强了成段表达的训练，另一个则没有）的学习过程和学习效果的差异后发现“成段表达能力的训练非常重要，在初级阶段就可以而且应该进行”，并提出了训练方法应遵循的原则“机械性操练与交际性操练相结合，并以此为主，在此基础进行交际性操练”。具体如下：

（1）扩展式训练：①会话扩展成语段；②句子扩展到语段；③词扩展到语段。

（2）描述式训练：看图说话（如一组五幅图画，一图一句，组句成段）。

（3）听述式训练：先听写一个语段（课文内容或教师自编语料），然后复述其所听到的内容。

（4）讲述式训练：学生课下准备和课堂演示相结合，由教师作出评判。

①实地采访后以第三者身份进行转述。如：设置这样的采访内容：“出租车司机的一天”，“你的同屋（朋友）的爱好”，“某某班昨天去参观了，他们看到了什么，有什么感想”等等，教师要善于利用真实生活环境，促使学生去真实交际，并要求学生准备好转述内容。

②围绕一个中心议题说一段话，即作小报告。题目和内容可以由教师指定，也可由学生自由选择。比如以下题目：我的家庭、我的好朋友、我的阿姨（保姆）、我的家乡、公共汽车上发生的事、我第一次在北京坐出租车、第一次去中国朋友家做客、介绍我昨天看的电影等。

陈晨（2007）认为，初级汉语水平阶段培养初步成段表达是必要的，也是可行的，并指出“交际任务型初级口语教学模式”有利于提高学习者的学习效率，满足其交际需求。这一教学模式的具体操作，主要分为任务前、任务中、任务后三个阶段，即任务前要“选择满足学生交际需求并有价值的、适合学生语言水平的交际任务”，任务中“让学生进行分组互动表演，表演的同时，教师录音”，任务后则要“教师讲评”。

闫慧（2015）在行动研究理论的指导下，对已经学习一学期汉语的初级班16名留学生的口语学习情况进行研究。该研究分为三个阶段展开：第一阶段为学生口语表达能力测试阶段，通过前测分析发现口语教学问题。在第二阶段开展语段口头表达的训练。在2014年第二学期期末考试中，将加入语段表达的测试内容作为行动研究的第三阶段。研究结果显示：（1）上课出勤率较低的学生与

出勤率较高的学生成段表达能力的差距很明显；（2）简单的机械式单句操练虽然可以在本课时达到很好的教学效果，但在接下来的复习使用时，发现并没有那么好的成效，尤其是在测试阶段，会发现学生在记忆中留存最少的也是简单操练的句型；（3）对学生在衔接上产生的偏误应及时的指出，汉语语段表达能力较弱的学生在交际任务活动中能对汉语语段表达能力较强的学生进行单向模仿学习也是很好的教学方法。

其次是中高级口语教学。王淳（2017）通过对留学生成段表达能力的综合分析，结合对外汉语课本，得出针对中级阶段学生最有效的成段表达能力提升方法。作者首先对留学生课堂进行体验观察，找出中级阶段留学生成段表达能力出现停滞的原因。通过对具体教学实况的考察，作者总结出三条主要原因：（1）老师的宽容态度使课堂的成段表达训练没有得到足够的重视，学生在表达上的偏误也没有被及时纠正；（2）学生在进行口语表达时，如果遇到困难常常会采用回避或替代策略，采用自己熟悉的方式即母语思维的表达方式；（3）书本上关于语篇知识方面的训练过少，导致学生的语篇知识基础薄弱，在面对复杂的成段表达时常常显得力不从心。之后，作者进一步对留学生口语成段表达的语料进行收集与分析，总结出影响留学生成段表达的主要因素：衔接、连贯、主题。

李卓（2017）收集整理了18位学生OPI测试的录音，并对其中的11位中高级水平的学生的语音实录进行了分析，总结出中级水平的学习者在表述过程中五个方面的口语表达问题。文章认为，到了中高级阶段，在学生已具备用第二语言进行基本交际和表达的能力后，提高学生的语段表达能力应成为教学的重点，主题式教学模式可以很好地实现这一教学目标。

高理贤（2017）以玛哈沙拉堪大学的汉语专业学习者（108名）和汉语教师为调查对象，通过问卷调查、访谈汉语教师及汉语学习者（随机抽取32名），探讨泰国汉语学习者的口语成段表达能力水平，学习并借鉴美国外语教学学会口语能力测试OPI方法，利用统计分析软件对调查结果进行统计分析，发现泰国汉语学习者口语成段表达存在的问题（语音语调问题、选词造句问题、成段表达问题、应用问题），探讨使用新模式（汉语口语话题深度训练模式），新方法（沉浸式口语话题深度训练法）来克服和解决缺乏汉语环境学习者的汉语口语成段表达能力缺陷这一问题。

谢菁（2013）认为，语段教学的缺失、教材编写的不合理和留学生语言文化的差异、对语境知识的忽视是造成口语语段表达不顺畅的主要原因。话题讨论是语段教学与训练的最佳方式，具体可以从三个方面入手：（1）在话题的选择上，要有趣味性、目标性以及适当的难度；（2）要构建良好的课堂互动模式，包括教师语境化提问、学生语言输出、教师的更正性反馈三个环节；（3）要注重口语语段表达训练，首先是语段组织训练，教师需要教授学生汉语口语语段表达的结构框架，其次是语段衔接—连贯训练，包括句际衔接训练和语义连贯训练。

另外，还有打通初级、中级和高级口语教学的，将其放在一起研究，比如翟汛（2002）认为，口头表达是语言输出的最基本、最主要的方式。培养外国留学生的口语表达能力是对外汉语教学的一个重要目标。在初级阶段以后，口语教学的重点转至成段表达训练，教学双方应防止对此重视不够而出现的停滞阶段。中高级阶段口语成段表达训练的过程中，可以采用各种各样的训练模式，其中以任务模式、视听说模式、辩论模式等对训练外国留学生成段表达能力和用汉语进行思维的能力较为有效。其中任务模式的教学在初级阶段，实际上就已经被经常性运用于口语教学过程中了，常见方法有“完成会话、给词连句、听后/读后回答问题、模拟对话或较短的语段、变换角色复述、连句成段”等等。视听说模式一般是在中级阶段才开始采用。辩论模式是三种模式中最高级、难度最大的，对师生双方要求都很高，分为“随机的辩论”和“预设辩题的辩论”两种。

张慧（2014）通过对初中高三个水平留学生口语语段的调查，发现留学生口语语段词汇衔接的特点可以归纳为：（1）表因果、转折、并列和假设关系的逻辑连接词语出现频率较高，条件、让步和目的关系较少，条件、让步关系的口语语段较难获取，使用频率较高的项目的偏误率较高，但各类偏误会随着学习者年限的增长和语言水平提高而逐渐减少。（2）指称词语使用量呈现“人称指称>人事指称>地点指称>语篇指称>时间指称”的趋势；其中，人称指称使用量表现为“第三人称>第一人称>第二人称”，时间、地点、人事和语篇指称中的“这”（及其变体）的使用量几乎是“那”的两倍，留学生倾向于使用心理距离较近的“这”类指称关系。（3）初中高三个年级四种词语复现形式（原词语复现、同义词语复现、坐标词语复现和概念词语复现）使用量情况基本一致，三个年级之间呈现正确率逐渐上升、偏误率逐渐下降趋势，纠错的成功率逐渐提高。（4）词语同现的五种关系（反义关系、组合搭配关系、序列关系、下位关系和整体与部分关系）使用量呈现“反义关系>组合搭配关系>整体与部分关系>下位关系>序列关系”的趋势。

留学生口语语段句子接应的特点可以归纳为：（1）承省句子接应中，三个年级的承前省略句都比蒙后省略句多。（2）初级阶段否定句的否定词语重叠较多，中级阶段结构杂糅、信息冗余较多，高级阶段误用反向语义项较多。（3）三个年级的词语顶针句都多于分句顶针句，多以词代短语偏误为主。

对留学生口语语段表达教学的建议：（1）词汇衔接连贯能力的培养应主要从连接词、逻辑关系词、时间词和地点词、词语重复和指称词语使用等方面提出相应的教学策略；（2）句子接应中的整体框架结构能力主要从提示词框架的分析和整体框架完整意识的培养入手，应着重学生语段类别的识别（即内伸式和外延式）和整体框架的构建，整体框架需要加强切旨趋向意识的培养和首尾句的处理。

2. 综合课语段教学研究

在综合课的语段教学研究中，也可以分为初级、中级和高级阶段的研究。

首先是初级阶段。骆健飞、丁险峰、李婷（2018）研究初级水平留学生在语段表达方面的习得问题。文章以初级系两个留学生教学班为研究对象，实验班在教学过程中补充相关的语段表达练习，而对照班则进行传统的综合课教学，在期末测试中，两班学生均进行语段表达测验，结果显示：（1）实验班学生的语段表达综合得分显著高于对照班；（2）在表述相同主题、使用相同结构进行语段表达时，实验班学生所用的词汇总量显著高于对照班；（3）在用词丰富性方面，实验班和对照班在使用乙级和丙级词汇时差异显著，这说明这种教学对促进留学生使用乙级、丙级等常用词上有明显的促进作用。通过以上结果可以发现，对于初级水平留学生来说，通过系统的教学与训练，学生可以明显提高语段表达的连贯性以及用词的丰富性，对初级水平留学生叙事体语段的习得有较大帮助。

其次是中级阶段。彭岚（2007）探讨了如何利用课堂提问实施语段教学，为培养学生成段表达能力从而实现中级阶段教学中心任务探寻切实可行的教学方法。其主要研究方法为：结合三位教师使用课堂提问的情况和出现的问题并依据问卷调查结果进行分析，具体论述这 9 种提问方法各自的相对优势，将每种方法与教师实际采用的方法作对比，以实际教学效果和师生自身体验为依据证明这 9 种方法是如何有助于教学中心任务的实现，也就是如何培养学生的成段表达能力，进而证明运用这 9 种方法进行语段教学的可行性与教学价值，设计一种通过提问进行语段教学的教学方案。其结论为：9 种课堂提问方法都取得了很好的教学效果，帮助教师更好地完成了教学中心任务，有利于培养学生成段表达能力。

再次是关于中高级阶段的研究。涛亚（2000）提出 2-4 年级对外汉语教学的重点是语段教学，而语段教学的重点是衔接手段的教学，并用理论（衔接理论）分析和语料（10 篇留学生习作，约 6000 字）统计的方法阐明语段教学的重点不仅仅是有形式标志（即连接词语）或无形式标志的逻辑手段的教学，衔接的其他四个方面即照应、替代、省略、词汇衔接（即语法手段和词汇手段）的教学也同样重要。进而，提出了“以衔接为纲解决语段教学复杂性问题”的建议。王珍（2004）指出语段语篇教学的重难点主要表现在三个方面，其一衔接方面，句际的衔接主要是用语法手段（照应、替代、省略、连接等）和词汇手段（复现、同现等）来实现。其二是语用方面，其三是语段语篇结构分析方面。另外，也指出了目前教学的现状及存在的问题，即“缺乏语段语篇教学研究理论的指导、教材编写还不够完善、教材中练习题型与语段语篇表达训练的方法存在问题”，并期望尽快建立科学的语段语篇教学模式。

在高级阶段的研究中，陈宏（2004）认为语段教学尚处于未受到应有重视的状态，其表现为“理论研究薄弱、实践空间有限、无专门教材（或专门的章节）、无专门课程设置”。

3. 其他关于语段教学的研究

马燕华（2001）认为，从目前有关留学生的语段或语篇讨论的文章看，留学生语篇比较突出的问题是只将单句进行线形罗列，语段衔接手段比较贫乏。文章以在北京师范大学学习汉语的中级汉语水平日本留学生（10人）为研究对象，选用中国初中、小学语文课本中经典课文里的10个语段（分属叙事、写景、说明、议论四种语体）为基础调查语料，采用“将调查材料以单句为单位拆开，随机标注序号，让调查对象逐篇重新组成语段”的方法，调查并分析学生汉语语段衔接的难易倾向、分析其与原文吻合相左的原因。调查结果显示：（1）线索单一的叙事性语段衔接最易掌握；（2）首句、尾句较易掌握；（3）关联词语、重现词语较易掌握；（4）指称对象不易确定；（5）比较对象不易确定；（6）写景体中远景与近景的排序与原文差异很大；（7）议论体中论据的排序与原文差异很大。产生原因分析，主要是两个方面：调查对象具有中级汉语水平，已有一定的汉语口头与书面语段表达能力，母语又为日语，具有汉语书面阅读优势，故产生前述结果（1）（2）（3）；调查对象对汉语语段衔接所反映的汉民族文化精神缺乏深刻了解，对汉语篇章无标志可寻的隐性衔接缺乏深入了解，故产生结果（4）（5）（6）（7）。另外，也提出了一些中高级汉语语段的教学建议：（1）抓住有标志性的特征进行语段衔接一般规律教学（文章认为，以下带有标志性的词语、句式是语段衔接的一般规律：时间顺序词、关联词语、重现词语、代词指称、比较照应、承前省主语、蒙后省宾语、总分句式、总括句式等）；（2）抓住汉语篇章的脉络特点讲解汉语篇章的文化精神，把握语段隐性衔接手段。（结合精选范文进行讲解，范文应涵盖几种常用语体，如叙事、写景、说明、议论、抒情等，而且必须是典范的文章。归纳的语段隐性衔接手段应尽可能具体些、可操作性强些)；(3) 在指导留学生进行汉语语段训练过程中，对一些无一定之规的衔接应做“柔性处理”。

2.3.3 语段教材的编写研究

杨翼（2000）指出，多年来，教材的结构安排基本沿袭了50年代形成的对外汉语教学语法体系，以句型和词语讲练为主，甚至到了中高级阶段也仍是词语的讲练在教材结构安排中居于统治地位。成段表达能力的培养虽然在理论上受到重视，但在教材编写中并没有得到具体落实，已有的教材结构设计下培养出来的中高级汉语学习者成段表达能力并没有如预期那样“水到渠成”，语段语篇偏误的产生仍是经常的、大量的。要改变这种现状，就必须要探索教材结构设计的新路子。文章提出从推进策略、输入方式、操作流程、题型开拓四个方面来集中体现“新”。

1. 推进策略方面

以往遵循“词—词组—单句—复句—短文（语段）—长文（语篇）”的渐进组合式策略，而新策略则力图改变旧策略的脱节现象，突破中高级汉语长期以词句为中心的结构观念，采取由“语篇-语段-复句-单句-词组-词”的分解式推进策略，让学习者从语篇的角度来认识语段，从语段的角度来认识句子、词组和词。方案实施分2个阶段：(1) 中级阶段，从显性连贯入手，着重从语段的角度来认识句子、词组和词；(2) 高级阶段，逐步由显性连贯向隐性连贯过渡，让学习者进一步掌握汉语特有的“意合法”，并从语篇角度来认识语段，以全面提高语篇表达能力。

2. 输入方式方面

旧输入方式，提供了感性输入的课文素材，没有提供语篇如何连贯衔接的理性输入内容。新输入方式，则是感性输入和理性输入相结合。在课文材料的选择上充分考虑如下问题：(1) 衔接与连贯的含量与分布，尽可能涉及语篇常用的各种连贯与衔接方式；(2) 开辟相应栏目，在一定的循环周期对学习者进行理解性输入；(3) 课文体裁的选择要尽可能涉及“说明、描写、叙述、议论”等常用范围，不能像过去那样仅限叙述体；(4) 常用文体又可进一步分解为更具体的表现方式，如“说明-六种展开方式（1提供实例，2说明过程，3说明原因理由，4比较和对比，5下定义，6区别和分类）”，“描述-多种展开方式（1描述人物2描述场所）”等等。

3. 操作流程方面

旧的操作流程主要为“展示→生成”两大环节。这两个环节之间跨度很大，难度也不小，却没任何过渡的阶段，不符合“循序渐进”的教学策略，容易使学生产生畏难的消极心理。新的操作流程，则为“展示→演释→识别→重现→生成”，中间多了三个阶梯作为过渡，难度系数逐级递增，符合“循序渐进”的教学策略，考虑二语学习者的特点和心理，大大延缓了对学习者的难度冲击。

4. 题型开拓方面

旧题型主要是“组词、造句、完成句子、排词序、选词填空”以及“限定话题、词语让学生说或写一段话”的模式。新题型则主张不同阶段，采用不同题型，比如：（1）识别阶段的题型“①阅读下列语段，指出划线句中使用的连接成分预示着后续句将提供哪方面的信息（有多项后续句提供的信息供选择），在你的选择后划（√）；②找出下列语段中代词所指含混、主语省略不当的错误；③找出并改正下列语段中时空参照点前后不一致处；④阅读下列语段，指出其中的细节材料是按那种顺序排列的，并找出主题句”。（2）重现阶段的题型“①将下列各组句子重新排列，使其成为连贯的短文，并找出主题句；②加入遗漏的词，使下列语段意思表达连贯、衔接完整；③下列语段中的划线部分局部语义发展残缺，请你将它的意思补足”。（3）生成阶段的题型“①限定话题、词语说或写一段话（旧题型，但依旧可以采用）；②阅读下列语段，请按照它的发展思路续写完这个短文；③看图写（或说）一段话；④下面是提供了主张和理由的段落内容提要，请你写（或说）一段话来支持（或反对）这一主张”等等。

梁贞爱（2002）经过调查和分析，发现中级口语教材的成段表达练习题存在着许多问题：（1）练习题类型设计有问题：①较多的教材中，题目表达起不到使学生明确其要求的作用，如“在什么地方买东西可以讨价还价？你有这方面的经验吗?”这道题没有其它任何说明，从问题上看不出设计此题的目的；②许多标题的题目区分不清晰，如《汉语听说教程》第 13 课练习 6 的题型是议论题，题目是“说一说你对中国人的性格、讲话方式、处世方式的看法。”第 7 课练习 6，题型是自由表达练习，题目是“说一说你身边的一些人和他们对婚姻的看法。”这两道放在不同题型中的题目在对表达上的要求、所需的语体实际上是一样的，但却冠以不同的题型名称；③题型不准确，如《汉语听说教程》第 4 课的练习 7 的题型名称为“叙述题”，其题目是“2. 谈一谈你最喜欢的一种植物。(外形、生长期、土壤、用途、喜欢的原因）”，这一题目已是说明性语体的性质了，冠以“叙述题”似乎是牵强的；④缺乏一些有针对性地训练语段、语篇的表达能力的多样的专项练习，如专门地进行句际间、语段之间的连接成分练习，进行语段、语篇中的语义连贯练习等；（2）题目控制的问题：无控制性的题目过于宽泛、自由，对学习中级口语的外国留学生来说非常困难，因此在练习题总量中不宜过多。但现存教材，无控制性练习题的数量多于控制性练习题的数量；（3）练习题编排顺序的问题：成段表达练习的题目安排在最后是比较合适的，但仍有教材将其安排在中部。另外，多数教材的成段表达练习题从始至终只是内容上的变化，没有难度上的增加；（4）语段功能安排的问题：现存教材中议论、说明、叙述等功能语段的练习比例失衡。

此外，文章也在前述分析的基础上提出了相应的改进建议及设想：（1）练习编写应考虑“目的性、有效性、实用性、针对性、整体性、系统性、趣味性”七个原则；（2）练习题类型设计方面，中级口语教材应多设计成段表达练习，加强多样化的习题项目，标题必须正确反映练习的要求和特点，多设计有针对性地训练成段表达能力的专项练习题，如“专门进行语段语篇中的连接词语练习和语义连贯练习”等；（3）题目控制方面，无控制性的练习不能过于宽泛，即除了设计话题以外对具有中级水平的学生表达应提供一定的提示和引导，提示和引导包括语段或语篇的结构框架、具体的情景或内容提示、必要的句型或可选择的词汇等；（4）练习题编排顺序及比例方面，“完全控制性练习→部分控制性练习→无控制性练习”由易到难的顺序逐步推进，到后期可以减少提示的因素以增加学生的创造力，但无控制练习还是不应占主导地位；（5）语段功能安排方面，应有针对性地、全面地对常用语段（如议论性的、说明性的、叙述性的、描写性的、抒情性的）进行表达练习，比例应大致平衡。

李倩（2007）以国内出版的《桥梁》《攀登》《发展汉语》《参与》《中级精读》《中国之路》六套中级综合教材为考察对象，从语段表达练习题的题量分布和题型设置两方面入手，在数据统计分析的基础上，发现其在练习题编写方面的特点及存在的问题，并提出了解决问题的参考性建议，即练习题编写要“符合综合教材的目的”和“体现语段训练的特点”。

陈晨（2015a）从教材编写的实践出发，探讨如何在语篇理论、第二语言学习理论以及认知语言学理论指导下编写新型对外汉语初级口语教材，培养学的初步成段表达能力。编写原则方面，主张以“情景”为主线，“功能—结构”为纲，把“功能、结构、语境”三者真正合为一体；语料编排方面，课文内容的语体应该包括对话体和叙述体，且“对话体”和“独白”之间内容上要有联系性，语料选择要体现交际性原则；练习编写方面，语料中交际项目和语言点数量的适量原则及语料长度的简短性原则，要注重常用口语的重现和复现，要注意对言语交际活动类型进行选择，要有利于口语课堂学习者的实际言语交际活动。

2.3.4　学习策略研究

刘琳（2007）采用问卷调查与成绩测验相结合的实证研究方式，调查了北京语言大学汉语速成学院 D 班中级水平韩国留学生汉语语段学习概念和策略的使用情况及其与学习效果之间的关系。作者主要采用方差分析的方法对所得数据进行统计分析，其结果显示：（1）中级水平韩国留学生最同意通过记忆背诵来学习汉语语段，其次是在上下文中学习，再次是通过运用来学习；（2）在学习汉语语段时，中级水平韩国留学生最常使用社会/情感策略，其次是元认知策略，再次是认知策略。具体而言，元认知策略中使用最多的是选择性注意，认知策略中使用最多的是猜测和预测策略，社会/情感策略中，补偿策略使用较少；（3）中级水平韩国留学生对汉语语段持有的观念与其对元认知策略的使用是密切相关的；（4）中级水平韩国留学生的汉语语段认知策略与其学习效果密切相关，而汉语语段元认知策略与其学习效果有一定的关系；（5）高分组与低分组被试在汉语语段学习策略的使用上存在显著差异。高分组比低分组更常使用听中文广播的学习方法。在听力或阅读测试时，高分组常常借助提供的选项来了解大意和预测。

另外，文章在前述研究基础上提出了一些对外汉语语段教学的建议：（1）帮助学生树立良好的汉语语段学习观念；（2）给学生创造良好的语言学习环境；（3）鼓励学生多进行课外学习和操练；（4）根据不同课型有针对性地进行语段教学和策略训练，并贯穿于日常课堂教的始终。比如对听力、阅读等以语言输入为主的课型，教师可采用引导的方式进行策略训练，对口语、写作等以语言输出为主的课型，教师可以采用语段结构框架进行语段教学。

本项研究的不足有：（1）只研究一个水平（中级水平），只涉及一个国别（韩国），这样虽然有利于具体深入地说明一个问题，但同时也缺少与其他水平和国别的留学生进行对比；（2）策略调查问卷是一个相对封闭的系统，有可能某些学生的学习策略并没有包括在其中，不足以建立一个相对完整又稳定的汉语语段学习策略量表；（3）调查的样本不够大（除去无效问卷以及缺考被试的问卷以外，最后确定的有效问卷为 33 份），也没有对被试进行回访。

2.3.5　语段教学评估与测试研究

张宝林（2005b）认为汉语水平考试中语段测试应该关注语段的语义中心、语段内容的衔接手段，文章在总结汉语语段既有研究成果的基础上，提出了五种语义方面的语段测试方法和十一种衔接方面的语段测试方法。王晨（2007）则认为，可以以句子衔接手段的偏误率和信息量作为评估语段表达能力与教学效果的指标。

2.4 小结

2000 年以来，国内对外汉语教学界的语段研究极大拓宽了以往学界对语段问题研究的广度和深度，但与此同时也能发现其所存在的一些不足：

其一，已有语段教学研究的成果比较多地集中在口语教学领域，而书面语段的专题研究成果寥寥；

其二，已有语段教学研究的对象虽然关注了初中高各个阶段留学生，但是具体每个阶段语段教学的重点、难点及其应注意的问题并没有得到非常有效地梳理，各个阶段之间教学内容的衔接关系也未能进行系统地梳理与探讨；

其三，已有语段教学相关教材编写的研究，虽有了一些探讨，但仍然未能形成成熟的理论；

其四，关注留学生语段产出过程的习得研究及相关的学习策略研究仍然非常匮乏，对学生习得规律的探索仍然不够深入，对学生语段习得总体面貌的把握仍旧不充分。

上述这些不足之处正是本书力图突破之处：我们将对初级阶段留学生的书面语段产出情况进行细致地观察、分析、统计与研究，从而明晰该阶段留学生书面语段产出的重点、难点，全面总结此阶段留学生的语段产出规律，进而探讨适合初级阶段留学生语言水平的语段产出框架，力求为广大对外汉语教师提供切实可行的教学建议，也为语段教学教材的编写提供有效的指引，同时也进一步完善当前的语段本体理论与语段教学理论。

第三章　初级汉语语段的框架分析

语段表达是留学生学习汉语时一项重要的内容。由于叙事体语段和论说体语段表达较为适合初级学生的水平和实际需要，我们基于初级对外汉语教材的教学内容和语言水平，从“话题链的零形式”“时间序列”“语段衔接与连贯”“如何从表象引申出道理”“如何表达自己的观点”以及“总述、分述的表达”等角度，设计了一套适合初级水平留学生学习的语段表达框架，并在此基础上，通过举例、解说等方式，为汉语教师提供教学上的参考。

3.1　引言

零起点的外国留学生经过半年的学习，虽然能说简单的句子了，但是把这些句子连成一段话却存在很多问题。

先看一位初级水平留学生写的一段话：

(9) 两年前，我看了一部中国美女演员们的电影。以后，我自己学习汉语。现在我来北京学习汉语。

这些句子单独来看，都是正确的小句，但是在时间连接方法上，却存在较为严重的偏误，应该改为“两年前，我看了一部由中国漂亮的女演员们出演的电影，从那以后，我就对中国电影产生了兴趣，并迷上了汉语。后来，我决定到中国留学，于是我来到北京开始学习汉语。”①

再看下一例：

(10) 说起周杰伦，大家都知道他，说他唱歌唱得特别好，至今他发行了很多专辑，我每天听他的歌。

该语段在语义衔接上存在较为严重的偏误。“周杰伦”是话题，后边的小句

---

① 此处有专家指出，也可以直接改成：“两年前，我看了一部中国美女演员们出演的电影，从那以后，我开始自己学习汉语，现在我来北京学习汉语了。”因为“以后”单用表示说话时间的以后，与“现在”表示的时间矛盾，将“以后”改成“从那以后”，就避免了该句“以后”和“现在”在时间表述上的矛盾，同时该语段也可以成立。

要围绕着此话题进行。"我每天听他的歌"转移了话题，造成前后语义不连贯，可以改为"说起周杰伦，大家都知道他，说他唱歌唱得特别好，至今为止他发表了很多专辑，都很受欢迎。"

看第三个偏误用例：

（11）有一年收成不好，人们没有吃的了，他们都饿得快活不下去了，这时，帝王决定了，他送米饭给人们，人们才活了下来。

这些句子单独来看没有问题，但是在小句与小句的连接上却存在主语重复、松散不连贯的问题，应该改为："有一年收成不好，人民没有吃的了，都饿得快活不下去了，这时，帝王做出了决定，把粮仓里的米送给人民，人民才活了下来。"

像这样的语段并不是孤例，而是大量出现在初级水平留学生的作文或作业中，由此可以看出，以往的对外汉语教学中，我们更多地强调句子以下语法单位的教学，而忽视了一些篇章手段的教学内容。本书以《成功之路·进步篇》为例，根据课文内容及相关的词汇、语法知识，制定语段训练方案，对留学生进行为期一年的语段表达训练。这种训练分为两个部分，一部分是叙事语体的语段结构训练，一部分是论说语体的语段结构训练。在叙事语体的训练中，主要包括：（1）话题链及其零形式表达方法；（2）语段内部的时间连接关系；（3）具有重要衔接连贯功能的词和短语。在论说语体的训练中，主要包括：（1）如何总结全文、归纳道理；（2）如何表达自己的看法；（3）如何进行总述和分述。在每个项目中，又包含若干子项目，下面分别进行分析。

3.2 叙事体语段的结构框架

3.2.1 话题链的零形式

汉语的语段中，零形式的使用是小句之间的一个重要的链接纽带，但外国学生在表达中该省略的却不知道省略，造成语句重复啰嗦，句与句之间松散不连贯。孙坤（2015）认为话题链是汉语篇章中普遍存在的语言现象，是一个共同话题后面跟着若干个评述小句，每个评述小句的句首一般都省略用零形式即：话题—评述 1+评述 2+……+评述 n。其典型形式可概括为：TOPIC—（Φ）C1+（Φ）C2+……+（Φ）Cn。（其中：TOPIC 表示话题，Φ 表示零形式，C 表示评述），例如在《成功之路·进步篇》的如下语段中会有所体现：

（12）老中医把手指放在马丁的手腕上，（Φ）给他号脉，接着，（Φ）又问了马丁一些问题。（进步篇 1 · 第 2 课）

（13）传说很久以前，凤凰只是一只很不起眼的小鸟，但它却很勤劳。它从早到晚地忙，（Φ）把别的鸟扔掉的果实都一颗一颗捡起来，（Φ）存放在山洞里。（进步篇1·第9课）

（14）为了不浪费时间，大禹砍下两根树枝，（Φ）把肉从热汤中夹出，（Φ）吃了起来。（进步篇1·第11课）

例（12）—（14）句中的话题分别是“老中医”“凤凰”“大禹”，零形式所指内容与话题内容一致。

孙坤（2015）认为还有一种双名词结构话题链，总话题与辖域内评述部分的分话题在语义上有整体和部分、领属和所属的关系。

（15）摊前站着一个人，（Φ）脸黑黑的，（Φ）手里拎着个破塑料袋子。（进步篇1·第8课）

（16）他是太极拳高手，（Φ）练太极拳已经五十多年了，（Φ）功夫很厉害。（进步篇1·第4课）

例（15）句中的总话题是“一个人”，分话题是“脸”“手里”。例（16）句的总话题是“他”，分话题是“练太极拳”“功夫”。总话题与分话题形成了整体和部分、领属和所属的关系。

除了典型话题链和双名词结构话题链外，田然（2016）认为还有主次型话题链，主话题和次话题均为高生命度专有名词，也就是说叙事文里有两个人物轮流出现，零回指的消解难度增大，与先行语的指称成了消解的关键因素。我们来看下面两个例子：

（17）［摊主把两个香蕉装进一个纸袋里递了过去，（Φ1）把捡垃圾的人手里的零钱推了回去，（Φ1）还向他摆了摆手。］［捡垃圾的犹豫了一下，（Φ2）把钱又一次递向摊主。］（进步篇1·第8课）

（18）［有一年特别干旱，鸟儿们找不到吃的，（Φ1）都饿得快活不下去了。］［这时，凤凰急忙打开山洞，（Φ2）把果实拿出来分给大家，很多鸟才活了下来。］（进步篇1·第9课）

例（17）句中有两个汉语句。在第一个汉语句里，先行语是“摊主”，所以这里的零回指指称“摊主”。在第二个汉语句中，“捡垃圾的”是先行语，所以这里的零回指指称“捡垃圾的”。同理，（18）句中的两个汉语句，先行语分别是“鸟儿们”和“凤凰”，我们不难断定第一个汉语句的零回指指称“鸟儿们”，第二个汉语句的零回指指称“凤凰”。

3.2.2　语篇内部的时间连接成分

Martin & Rose（2003）的语篇语义学理论将内部连接归纳为四种逻辑语义关

系，包括添加、比较、时间和后果。语篇内部存在的时间关系显示作者对叙述的前后顺序安排。内部时间关系可以分为同时和延续两类。表达语篇内部同时关系的连接词有：……时，……的时候；表达延续关系的连接词有：先、然后、接着、最后、就。廖秋忠（1992）把起连接作用的时间词语分为：序列的时间连接成分和先后时间连接成分。除了上述两类时间连接成分以外，还有时间词，而且时间词是比上述两类时间连接成分更常用的句子连接手段。参照上述分类，我们把语段内部的时间连接成分分成三类：时间词、表达同时关系的时间连接成分和表达延续关系的时间连接成分。如：

（19）左手握右手，虽然不会让你的心颤抖，但天冷时，你会不自觉地把左手和右手握在一起；拿重的东西时，左手累了，你会换到右手上；受伤时，一只手不能做事情了，会很自然地换到领一只手上。（进步篇1·第6课）

（20）曹冲先叫人把大象牵到船上，等船停稳了，沿着水面在船身上画一条线。然后，再把大象牵到岸上来，把石头一块一块往船上装。接着，把船里的石头都称一称。最后把石头的重量加在一起，就是大象的重量。（进步篇1·第5课）

（21）以前我在汉语课本里学过“上有天堂，下有苏杭”这句话，现在我才真正理解了它的意思。（进步篇1·第3课）

（22）事实上，卖油的老人一开始倒油的技术肯定不行，时间长了，倒油的次数多了，技术就熟练了。（进步篇1·第10课）

在以上例句中，（19）句表达同时关系的时间连接成分是“……时”。（20）句包含了完整的延续关系的时间连接成分，有表示起始的时间接连成分“先”，有表示中间的时间连接成分“然后”“接着”，以及表示结尾的时间连接成分“最后”。（21）句则包含了表达延续关系的时间连接词“以前”和时间词“现在”。（22）句包含了时间词“一开始”和表达延续关系的时间连接词“就”。

3.2.3 具有重要衔接连贯功能的词和短语

汉语的语段不是一组句子随意的排列，必须围绕一个语义中心，上下语义连贯。留学生在成段表达时，由于关联词语的缺失、误用，使句子与句子之间关系模糊，影响了句间衔接。许多语段现象是体现在句子中的，比如带指示代词的短语“从那以后”“从此”和连词“于是”，在语篇中具有重要的上下文的衔接功能。而在对外汉语教学的早期，以单句为主要的汉语学习单位，因而学习者很容易把本该在语篇中得到更好解释的现象一概作为句法平面上的现象加以理解，把具有语篇衔接与连贯功能的词语一概作为造句单位来看待，这十分不利于学习者成段表达能力的形成。所以我们一定要把这些词语放到语段中去呈现，培养学生汉语语段的思维。如：

（23）我拜陈师傅为师。从那以后，我跟着我师父先后学会了三种太极拳拳式。现在我已经迷上了太极拳，它成了我生活中不能缺少的一部分。（进步篇1·第4课）

（24）为了不浪费时间，大禹砍下两根树枝，把肉从热汤中夹出，吃了起来。从此，大禹总是用细棍从热锅中夹取食物，慢慢地掌握了用细棍夹取食物的技巧。（进步篇1·第11课）

（25）人们见他这样吃饭，既不烫手，又不沾手，于是也像他那样吃起来，筷子就这样产生了。（进步篇1·第11课）

例（23）句选自课文《我的太极拳老师》，“从那以后”位于段落的中间，起着承上启下的作用。我们把前文的意思概括为“我拜陈师傅为师”。（24）句选自课文《谁发明了筷子》，“从此”位于段落的中间，表示“从热汤中夹肉吃”这件事发生以后。（25）句的“于是”凸显了单纯叙事的篇章性质，可以跟侧重说明论证事物的性质及其成因的“所以”区分开来。要是放在单句中学习，就无法体现这两个词的篇章特点，学习者也很难辨析它们的异同（郭继懋，2006）。

3.3 论说体语段的结构框架

上文讨论了在叙事语体的短文中，包括哪些语段表达框架，然而我们在讲述一个故事以后，往往需要将故事内容进行总结、升华，提炼出故事的中心思想，表达了哪些重要的道理，这时就需要使用论说语体的语段框架。

3.3.1 从表象引申到道理

在叙事体短文的最后，往往都有一个概括总结，比如在《凤凰的传说》一课中，文章用了三个段落来讲述凤凰的故事，从开始是一只不起眼的小鸟，通过自己的勤劳努力，变成了“鸟王”，讲完这个故事以后，作者要告诉大家这个故事的意义所在，以及为什么后来中国人这么喜欢龙和凤凰，用了下边这个语段：

（26）这只是一个美丽的传说，事实上凤凰是人们想象出来的形象。在中国传统文化中，它跟龙一样，被以前的帝王们当作权力和尊严的象征。不过，后来凤凰也成了民间的吉祥物，尤其在中国传统的婚礼上，它成了新娘礼服上和头上的装饰，象征着吉祥和喜庆。（进步篇1·第9课）

这个语段使用了“这只是……，事实上……”这样的框架，“这只是……”

这一句，总结了上文的小故事，告诉读者“前边的故事其实并不是真的，也并不是本文的重点所在”，从“事实上”开始，才是作者真正想表达的中心思想，后边一段也论述了本文的核心观点。类似的语段还有：

（27）当然，大禹发明筷子的故事只是一个传说，是人们的想象。事实上，筷子的产生，应是人民群众的集体智慧，不是一个人的功劳。（进步篇1·第11课）

（28）其实在我们的生活中也是如此。我们可以把遇到的每一个困难、每一次失败，都当成是加在我们身上的“泥土”。只要我们不停地把她们抖落，然后站上去，就会有新的转机。（进步篇2·第13课）

例（27）的语段是第11课《谁发明了筷子》的最后一段，本课也是通过大禹治水的故事，来说明大禹发明筷子的过程，学生们在读完这个故事以后，可能会非常佩服大禹勤劳、勇敢、聪明的优秀品质，然而作者却在最后笔锋一转，用“事实上”将自己的观点表达出来：“筷子的产生，应是人民群众的集体智慧，不是一个人的功劳”。这样一来，作者不但承接了前文的主题——“筷子是大禹发明的”，更将文章的主旨进行了升华——“实际上是人民群众的集体智慧”，文章显得非常自然、流畅，又提升了理论高度。

例（28）的语段出现在第13课《驴的自救》，在课文的前几段，作者详细描述了驴子从掉进井里，到痛苦挣扎，最后靠自己的勇敢与智慧，成功升上井口逃脱的故事，这个故事很有意思，学生读完以后，可能会佩服驴子的智慧，然而如果只到这里为止，并不能将故事中的道理予以推广，作者使用了“其实在我们的生活中也是如此”这句话来过渡，马上开始讲述在生活中，应该如何面对困难，面对失败，应该如何发扬驴子的这种不怕困难的精神，迎来新的转机。如此一来，文章的道理具有了更大的普遍性，也让读者明白了讲述这个故事的意义所在。

3.3.2 用比较和转折的方式表达自己的观点

人们之所以要表达自己的看法，常常是因为跟别人的看法不同，或者跟一般的观点不同，这是就需要先反驳他人的看法，然后使用一些表达“反预期”的连接词，来表达自己的真实看法，这在初级阶段的课文中也有很多体现，比如：

（29）原来我以为，我的母亲是世界上最可怜的母亲。因为她的儿子没有钱，所以连和她聊天的时间也没有。想不到还有一个母亲，她的儿子因为有了太多的钱，也没时间坐下来陪她聊天。（进步篇2·第20课）

这个语段时课文《陪聊》的最后一段。《陪聊》讲述了“我”“我的母亲”

和“老太太”三者之间发生的故事，“我”因为经济困难，只好在下班以后找了一份“陪聊”的工作，要陪一个陌生的老太太聊到深夜，回家以后却没有力气再陪自己的母亲聊天了；然而那个老太太虽然有很多钱，但是因为儿子工作太忙，也没空陪她聊天，只好花钱雇人聊天。这时读者可能会想，“我”和“我的母亲”都很可怜，因为儿子没钱，结果只能整天的工作，回家甚至连跟自己母亲聊天的时间和力气都没有了。然而此时作者却看到了更为深刻的问题，老太太有那么多的钱，同样有类似的烦恼，这就会引起读者深思。为了达到这样的效果，作者使用了“原来我以为……，想不到……”这样的框架，很自然地完成了转折，同时发表了自己的看法。

（30）我还听说，爱情的保鲜期只有十八个月，然后爱情就结束了。但我觉得要是“左手”和“右手”能一直紧紧地握在一起，就可以让爱情永远保鲜。（进步篇 1 · 第 6 课）

例（30）的语段出自《左手握右手》，很多人认为结婚以后就没有爱情了，或者时间长了，爱情就变淡了。作者想反驳这种观点，所以先用了“我听说……”这样的结构，引出一般人的看法，然后使用“但我觉得……”来表达自己不同的观点，这种结构既简单又实用，很适合在做论说、辩论时使用。

类似的语段也存在于初级阶段的阅读课中，比如：

（31）他们本来以为，准备的过程会是一首优美的婚礼进行曲，可是现在看来，却更像是一件非常麻烦的事。（进步篇 · 读和写 1 · 第 12 课）

（32）我觉得，从中国的文化来看，对自己的评价往往取决于别人而不是自己。（进步篇 · 读和写 1 · 第 10 课）

（33）在外国人家里做客的时候，当客人说“今天的菜非常好吃”时，主人会很高兴地表示感谢。而在同样的情况下，中国人往往说“不好，不好。”（进步篇 · 读和写 1 · 第 10 课）

以上三个语段，也分别使用“本来以为 A，可是现在看来 B”，“取决于 A 而不是 B”，“A，而在同样的情况下，B”这些手段，来表达作者真实的看法，反驳他人的看法。

3.3.3　总述、分述的方法

在表达自己看法时，有时需要分条目列举，有时又需要归纳汇总，这些都需要相应的语段表达框架，比如：

（34）父母替子女相亲，一是因为儿女工作太忙或者认识的人不多而耽误了自己的终身大事；二是因为儿女自己不愿意或不好意思来参加这样的

活动。(进步篇·读和写1·第12课)

(35) 这个故事告诉我们这样一个道理：好事和坏事是可以互相转化的。因此，当我们遇到好事时，我们应该谨慎对待；而当我们遇到坏事时，我们应该往好的方面想，努力把它变成一件好事。(进步篇·读和写1·第9课)

语段 (34) 出自课文《父母相亲会》，学生在阅读这篇课文时，不禁会想，为什么孩子们自己不去谈恋爱、相亲，反而让父母替他们去，这时作者需要从两个方面解释这个问题，用到了“一是因为……，二是因为……”这样的结构，逐一讲解原因，既清楚又简洁。语段 (35) 出自课文《塞翁失马》，这个小故事告诉我们的道理是“塞翁失马，焉知非福”，作者从正反两方面讲述这个道理：当遇到好事时应该怎么做，当遇到坏事时又该怎么做，清晰明确。

在表示总述关系时，也可以用下边的语段框架：

(36) 总之，网络在给人们带来许多方便条件的同时，也在逐渐地改变着人们的生活方式。(进步篇2·第21课)

(37) 可以说，张师傅是一名有素质、有头脑、有文化的“快乐的哥”。(进步篇2·第23课)

语段 (36) 出自课文《网络新生活》，课文从很多方面讲述了网络给我们的生活带来的便利，比如可以很容易地查到很多有用的参考资料，视频聊天、看电影、听音乐、玩游戏等；同时也谈到了网络如何改变了人们的生活方式，比如从传统购物到网络购物，从实体公司到网络创业等。最后，作者使用“总之”这样的语段框架，概括了全文的中心思想，即“网络既带来了许多便利，也改变了人们的生活方式”。语段 (37) 出自课文《的哥给我上的“MBA”课》，课文多次提及“的哥”的经济头脑，如何在有限的时间内赚取更多的利润，最后用“可以说，……”这样的结构，总结了这位“的哥”的特征，即“有素质、有头脑、有文化”。

这两个语段使用“总之，……”，“可以说，……”这样来进行归纳总结，将全文主旨进行了高度概括，是非常实用的语段表达方式。

3.4 初级综合教材中语段框架的类型与示例

上文分析了在初级汉语中常见的语段框架模式，这里就以《成功之路·进步篇》的课文为例，逐课找出相关的语段表达框架，并将其归类，然后配合课文中的例句，展示这些语段的结构和内容。我们会在本书第四章详细探讨如何给初级水平留学生讲解、操练这些语段结构和内容，此处只是找到这些框架，并对其进行描写和分类。

由于每课的主题与侧重点不同，它们所具有的语段框架类型也有所不同。在《我的太极拳老师》一课中，课文内容是讲述自己的太极拳老师，以及作者自己学习太极拳的经历，所以作者更多地使用“话题链的零形式”的语段框架结构，这样在描写人物的时候就显得简洁、清楚，比如：

（38）说起……，大家都……，说他……，……很多年了，……。

课文原句：说起陈师傅，大家都特别佩服他，说他是太极拳高手，练太极拳已经很多年了，功夫很厉害。

（39）他/她……，……，……。

课文原句：他是太极拳高手，练太极拳已经五十多年了，功夫很厉害。

这两段都使用了“话题链”的语段框架结构，教师在讲练该课内容的时候，可以提醒学生注意总结、归纳相关语段框架。

在讲述个人经历以及一些连贯动作的时候，作者一般会使用“时间连接成分”作为叙事框架结构，逐步展开话题，比如《曹冲称象》一课，在曹冲演示如何称出大象重量的时候，需要一步一步展示自己的方法，自然需要用时间连接成分来表达，如下边的语段：

（40）S 先……，……，……。然后……，……。接着，……。最后……，……。

课文原句：曹冲先叫人把大象牵到船上，等船停稳了，沿着水面在船身上画一条线。然后，再把大象牵到岸上来，把石头一块一块往船上装。接着，把船里的石头都称一称。最后把石头的重量加在一起，就是大象的重量。

课文中使用了“先、然后、接着、最后”等词语，清晰地标明了时间的先后次序。

同样的结构也出现在《马丁看中医》一课中，马丁先讲述了自己看中医的经历，中医大夫需要“望、闻、问、切”，按顺序一步一步地为马丁诊疗，那么马丁在叙述这段经历的时候，自然需要使用时间连接成分，比如：

（41）……先……，又……，然后……，接着……，最后……。

课文原句：他先看了看马丁的脸色，又让他张开嘴，看了看他的舌头，然后，他让马丁伸出左手。……接着，又问了马丁一些问题。最后，他摘下眼镜，笑着对马丁说：“你身体没什么大问题……。”

在马丁看完中医，感受到了中医的神奇以后，他也立志做一名中医大夫，这里就涉及现在的情况、将来的理想等，也可以用时间序列来表达，比如：

（42）……，从那以后……，现在……，……以后，……，将来……。

课文原句：……从那以后，马丁对中国的传统医学产生了兴趣。现在他有一个想法，他决定学好汉语以后，去中医药大学学习中医，将来他也要当一名中医大夫。

一些记叙文在结束的时候，会总结、归纳一个道理出来，在讲述这些道理的时候，经常会用到具有衔接连贯功能的词语和结构，这些词语和结构能标明语段的逻辑关系，比如在《谁发明了筷子》一课中，作者先讲述了大禹发明筷子的经过，在文章最后，作者指出，事实上筷子并不是大禹一个人发明的，而是劳动人民的集体智慧，这使文章意义得到了升华，如下所示：

（43）事实上，……应是……，不是……。

课文原句：事实上，筷子的产生，应是人民群众的集体智慧，不是一个人的功劳。

在《孔子和渔夫》一课中，作者先讲述了孔子作诗，然后渔夫修改了孔子的诗，孔子的学生表示出了不满，认为圣人的诗不应该被修改，这时孔子需要教导自己的弟子，作者也借此表达了本课的中心思想，如下所示：

（44）……虽然……，但是……：任何……都……，任何……都……，如果……要……。

课文原句：这虽然只是一个传说，但是它告诉我们这样一个道理：任何人都有不懂的东西，任何人都会出错，如果错了要马上改。

通过以上分析可以看出，题材、体裁不同的课文，其包含的语段框架类型也有所不同，因此教师需要先详细分析每课的特点，并结合课文内容找出本课最具代表性的语段框架，收集起来供教学使用。

我们以《成功之路·进步篇》第一册和第二册的24个课文，共找到70个具有代表性的语段框架结构，并列在了全书的附录1中，供教师参考。使用其他教材的老师也可以用此方法，找出相关的语段框架。

3.5 小结

杨翼（2000）认为我们的教材缺少从语段输入到语段输出之间的阶梯式训练材料。她建议在向学习者展示完课文样本后，适时用公式、符号等直观形式对其进行理解性输入。据此，我们从《成功之路·进步篇》第一、二册中找到了70个能体现初级阶段语段表达的框架。在教学中，教师可以让学生在理解的基础上，出示若干包含衔接和连贯要素的习题，接着，教师可以让其通过判断或选择来鉴别和巩固这些知识，然后给学习者设置若干抽掉了衔接与连贯要素的习题，让其根据上下文的语境，把它们找回、补足。我们的教学就是提供这些“脚手架”，使学生逐步建立汉语语段意识，用我们给他们的语篇语义框架写一段连贯的话，对他们的书面表达能力进行训练，根据训练结果找出更多影响他们语段表达的因素并设计相应的练习进行训练。几次螺旋式循环后，直到学生的输出基本接近甚至达到母语者的水平。

第四章　初级汉语语段教学的设计与步骤

4.1　引言

在第三章中，我们从理论和实践两个方面探讨了初级汉语语段的框架和表达方法，本章在此基础上，仍然以《成功之路·进步篇》的内容为例，根据课文内容及相关的词汇、语法知识，制定语段训练方案，对留学生进行为期一学期的语段表达训练，具体内容即为上文所述的两类文体中的六种逻辑语义关系：第一种是叙事体语段，包括：（1）话题链及其零形式表达方法；（2）语段内部的时间连接关系；（3）具有重要衔接连贯功能的词和短语。第二种是论说体语段，包括：（1）从表象引申到道理；（2）用比较和转折的方式表达自己的观点；（3）总述、分述的方法等。在每个项目中，又包含若干子项目，这些项目在教材中均有可供成段训练的素材，有些较为抽象的，且关联词语较少的，在教学和训练中难度较大，如："他租了一个店铺修理雨伞。半年过去了，他还是没有等来自己的伞。但是商人并不着急，他了解到有的人伞坏了就不修了，他们会去买新伞。于是，商人改了行，他开了一个旧伞免费换新伞的店铺。"该语段既包括时间序列，又包括逻辑推理关系，且可供学生参考的关联词语不多，故难度较大，下面选取其中的七个案例，较为全面地介绍语段教学的方法与步骤，供教员参考。

4.2　叙事体语段的教学设计

4.2.1　话题零形式的教学设计

先看课文中的语段：

(45)"他是太极拳高手，练太极拳已经五十多年了，功夫很厉害。"（进步篇1·第4课）

这个语段虽然只有三句，却代表了汉语语段连贯的最基本的一种结构：零形式话题链，即：汉语的语段中，零形式的使用是小句之间的一个重要的链接纽带，但外国学生在表达中该省略的却不知道省略，造成语句重复啰嗦，句与句之间松散不连贯。如上句，则可分析为："他是太极拳高手，（Φ）练太极拳已经五十多年了，（Φ）功夫很厉害。"其中Φ即表示零形式话题链标记。

下面分述该语段的教学步骤与设计。

教学步骤1：问题导入。

导入语：为什么大家都很佩服陈师傅？

学生看PPT回答：

（PPT1：陈师傅做高难度的太极拳动作）陈师傅是太极拳高手。

（PPT2：陈师傅年轻时和年老时打太极拳的照片）陈师傅练太极拳已经很多年了。

（PPT3：太极拳比赛陈师傅得了第一名）陈师傅的功夫很厉害。

教学步骤2：教师提问，学生回答。

问题1：说起陈师傅，大家觉得怎么样？答：说起陈师傅，大家都很佩服他。

问题2：为什么在说陈师傅的时候，大家都很佩服他？答：因为他是太极拳高手，练太极拳已经很多年了，功夫很厉害。

教学步骤3：口语表达训练。

请用下面的结构回答问题："大家是怎么评说陈师傅的？"（参考回答格式：说起……，大家都……，说他（她）……，……，……。）

教学步骤4：替换练习。

请根据提示词用以上结构评说下面这些人：

（大卫，佩服，羽毛球高手，练羽毛球，打得特别好）

（李大夫，尊敬，好医生，工作，治好了很多人的病）

（张老师，喜欢，很有经验，教书，课上得很有意思）

（我的朋友马丁，羡慕，很聪明，学外语，会说五种语言）

教学步骤5：讲解与归纳。

教师讲解语段的语篇特点：评述小句的句首一般都省略用零形式，汉语的语段中，零形式的使用是小句之间的一个重要的连接纽带。表达中该省略的却不省略，造成语句重复啰嗦，句与句之间松散不连贯，如表1所示。

表 1　零形式话题链的分析与归纳

小句	说明
Φ 说起陈师傅	句首省略“大家”，用零形式
大家都特别佩服他	
Φ 说他是太极拳高手	句首省略“大家”，用零形式
Φ 练太极拳很多年了	句首省略“他”，用零形式
Φ 功夫很厉害	句首省略“他的”，用零形式

其次，主话题与评述部分的话题有领属和所属的关系，分话题围绕主话题展开。

陈师傅是太极拳高手，练太极拳很多年了，功夫很厉害。从形式上看，主话题“陈师傅”与分话题“练太极拳”“功夫”存在领属和所属的关系。从意义上看，分话题从练太极拳的时间和功夫怎么样两方面进一步阐述中心语义“陈师傅是太极拳高手”。如果主话题与分话题语义上没有连接，会影响上下语义连贯。

第三，小句 1 中“说起……”后的人物是主话题，应该是大家都知道的，必须是明确的。小句 2 是大家对这个人的态度或看法。小句 3、4、5 说明为什么大家会这样评说这个人的原因。

教学步骤 6：随堂练习。

在步骤 5 中，我们共讲解了该语段的三个要点，那么与之配套的，就应该出现三组随堂练习。这些随堂练习可以在讲解完每个要点之后就逐个使用，也可以在全部讲解完以后统一练习，教师可以根据课堂实际情况决定。

随堂练习 1：请把下列语段改成正确的中文表达：

（1）大家说起大卫，大家都特别佩服他，大家说他是羽毛球高手，他练羽毛球两年了，他打得特别好。

（2）大家说起李大夫，大家都很尊敬她，大家说她是好医生，她工作五年了，治好了很多人的病。

随堂练习 2：请为下列语段选择正确的中文表达，可以多选：

（1）说起我的父亲，大家都很尊敬他。说他是了不起的人，____________，____________。

A. 经历很丰富，能力很强。

B. 做了很多菜，都很好吃。

C. 学书法很多年了，汉字写得非常漂亮。

D. 喜欢看比赛，特别是世界杯足球赛。

（2）说起老王，大家都很喜欢他，说他对人很热情，________________，________________。

A. 来公司很多年了，从来没有迟到过。

B. 喜欢帮助亲朋好友，常常请人吃饭。

C. 在美国很多年了，英语说得很流利。

D. 要是朋友碰到困难，他就去帮忙。

随堂练习 3：请判断哪些是正确的语段表达，哪些不是，并说明理由。

（1）说起我的一个朋友，大家都很佩服他，说他是网球高手，每次比赛都得第一。

（2）说起我的朋友小明，大家都很佩服他，说他是网球高手，每次比赛都得第一。

（3）说起马老师，大家都知道，说她是北大有名的老师，写了很多书，她的学生都很厉害。

（4）说起马老师，大家都觉得她很了不起，说她是北大有名的老师，写了很多书，这些书都很有意思。

（5）说起安妮，大家都觉得她很聪明，说她来中国三个月，汉语说得很不错。

（6）说起安妮，大家都觉得她很聪明，说她来中国很多年了，想在北京找工作。

教学步骤 7：布置课后作业。

请用下面的结构写一个语段：说起……，大家都……，说他（她）……，……，……。

4.2.2　时间连接词的教学设计

先看课文中的语段：

（46）“左手握右手，虽然不会让你的心颤抖，但天冷时，你会不自觉地把左手和右手握在一起；拿重的东西时，左手累了，你会换到右手上；受伤时，一只手不能做事情了，会很自然地换到领一只手上。”（进步

篇 1 · 第 6 课)

教学步骤 1：问题导入。

导入语：同学们觉得，丈夫和妻子是什么样的关系？生活中可以扮演什么样的角色？

学生看 PPT 回答：

（PPT1：夫妻互相帮忙提重物）丈夫和妻子可以互相帮助。

（PPT2：下雨的时候，夫妻同打一把伞）有困难的时候，夫妻可以互相帮忙。

（PPT3：丈夫和妻子在商量事情）有问题的时候，丈夫和妻子可以互相商量。

教学步骤 2：教师提问，学生回答。

教师先用学生熟悉的事物导入，实物展示手机。教师提问，学生回答。教师引导语：

（1）这是什么？（手机）

（2）手机是一个什么样的电子产品？（有用的）

（3）想跟朋友联系的时候，手机可以做什么？（打电话、发微信）

（4）跑步的时候，手机可以做什么？（听音乐）

（5）学习外语的时候，手机可以做什么？（查词典）

（6）旅游的时候，手机可以做什么？（拍照片）

（7）买东西的时候，手机可以做什么？（付钱）

教学步骤 3：口头表达训练。

做了大量的引导句练习之后，教师先进行语段表达的口述示范：“手机是一个很有用的电子产品，想跟朋友联系时，可以用来打电话、发微信；买东西时，可以用来付钱；外出旅游时，可以用来拍照片。”

随后教师把此语段用 PPT 展示，重点词语用下划线标注。接着，利用板书或者多媒体展示语段连接结构：“……，……时，……；……时，……；……时，……。”

教学步骤 4：替换练习。

根据提示图片或提示话题用以上结构叙述语段。

（1）可爱的小狗图片：走路时小狗跟着的图片，睡觉时小狗在旁边的图片，上班时小狗目送的图片；引导学生说出这样一段话："小狗花花是我形影不离的伙伴，散步时，花花总跟随在我身后；睡觉时，花花一直趴在我身边；出门上班时，花花不舍地目送我离开。"

（2）运动的图片：天热时游泳的图片，天冷时滑雪的图片，天晴时在操场踢足球的图片，下雨时在室内打网球的图片；引导学生说出这样一段话："运动是我生活中不可缺少的一部分，天晴时，我去操场踢足球；下雨时，我在室内打网球；天热时，我去游泳；天冷时，我去滑雪。"

（3）左手握右手的图片：天冷时左右手相握的图片，拿重东西时的图片，手受伤的图片；引导学生说出这样一段话："左手握右手，虽然不会让你的心颤抖，但天冷时，你会不自觉地把左手和右手握在一起；拿重的东西时，左手累了，你会换到右手上；受伤时，一只手不能做事情了，会很自然地换到领一只手上。"

（4）朋友之间的图片：多媒体图片展示妈妈和孩子的图片，等。展示图片的同时，PPT 上或黑板上同时展现"……，……时，……；……时，……；……时，……。"的结构。

教学步骤 5：讲解与归纳。

讲解语段的语篇特点：

首先，"……，……时，……；……时，……；……时，……。"这样的连接成分一般用来连接两个以上的单句或复句形成语段，表示几种并列的逻辑关系。

其次，在该结构的段首，一般有一个中心话题，作为连贯该语段语义的表述核心。

第三，在结构上，"……的时候"一般用在单句中，"……，……时，……；……时，……；……时，……。"用在语段中，语体更正式书面，结构更紧凑连贯。

教学步骤 6：随堂练习。

这些随堂配套练习的使用方法同上，可以随讲解使用，也可以统一使用。

随堂练习 1：选择合适的句子完成语段。

朋友之间应该互相关心、互相帮助，________；________；________。

A 遇到困难时，他会主动向你伸出援助之手；

B 犯了错误时，你要主动承认；

C 碰到烦恼时，你第一时间想到他，找他倾诉；

D 你出门旅游时，他一般都不去；

E 有高兴的事情时，他能陪着你一起欢笑一起流泪。

随堂练习 2：为下列语段选择合适的中心话题。

________________，天热时，它能把室温降下来，带来凉爽；天冷时，它又能把温度升上去，送来温暖；天气潮湿时，它还能去除湿气，让人感觉舒适。

A 空调是价格不菲的一项现代发明

B 空调是安装很麻烦的一项现代发明

C 空调是提高人类生存质量的一项现代发明

随堂练习 3：请把下面几个句子用“……，……时，……；……时，……；……时，……。”的结构连接成为一个语段：

（1）孩子在家的时候，妈妈总是给孩子做好吃的东西。

（2）孩子出门的时候，妈妈一直担心孩子的安全和健康。

（3）孩子生病的时候，妈妈在身边照顾，吃不好睡不好。

教学步骤 7：布置课后作业。

布置课后作业：请用下面的结构写一个语段：“……，……时，……；……时，……；……时，……。”

4.2.3 具有衔接功能词语的教学设计

具有衔接功能的词语很多，本节以“于是”和“反而”为例，展示如何开展课堂教学活动。

首先是“于是”的教学设计。

先看课文中的语段：

(47) 人们见他这样吃饭，既不烫手，又不会让手上沾上油腻，于是也像他那样吃起饭来，筷子就这样产生了。(进步篇 1 · 第 11 课)

教学步骤 1：问题导入。

导入语 1：人们见他这样吃饭，有什么好处？

学生看 PPT1 回答：

（PPT1：他用筷子从热锅里夹肉）不烫手，也不会让手上沾上油腻。

导入语 2：人们见他这样吃饭，既不烫手，也不会沾手，于是怎么做？

学生看 PPT2 回答：

（PPT2：大家一起用筷子从热锅里夹肉吃）于是也像他一样吃饭。

导入语 3：筷子是怎么产生的？

目的语：人们看到他用筷子吃饭，既不烫手，也不会沾手，于是像他一样吃饭，筷子就这样产生了。

教学步骤 2：教师提问，学生回答。

问题 1：人们为什么像他这样吃饭？

回答：既不烫手，又不会让手上沾上油腻。

问题 2：筷子产生的原因是什么？

回答：开始只有他一个人用，后来大家都跟他学，筷子就这样产生了。

教学步骤 3：口语表达训练。

请用下面的结构回答问题：筷子是怎么产生的？（参考格式：这样……，既……，又……，于是……，……。）

教学步骤 4：替换练习。

请根据提示词用以上结构说一段话：

（旅行，省钱，自由，自助游，这种旅行方式越来越受欢迎）

（锻炼，强身健体，提高修养，打太极拳，学打太极拳的人越来越多）

（称象，可行，方便，按照曹冲的办法称象，终于知道了大象的重量）

（治病，不痛苦，效果好，去看中医，吃了中药后头疼病果然好多了）

（学习汉字，容易记，节省时间，用这个办法学汉字，进步很快）

教学步骤 5：讲解与归纳。

这个语段的主语是“人们”，“于是”前省略了主语“人们”，用零形式，使小句与小句之间更连贯。该语段的主要意思是：人们看到大禹用筷子吃饭很好，于是跟他学，筷子就这样产生了。“于是”连接的前后分句既有时间上的顺承关系，又有事理上的因果关系。语义模式为：

原因句+于是句+结果句。

比如下边的例句：

A. 人们看到这样旅行，既省钱，又自由，于是开始自助游，这种旅行方式越来越受欢迎。

B. 人们觉得这样锻炼，既能强身健体，又能提高修养，于是都学太极拳，学打太极拳的人越来越多。

C. 大家觉着这样称象，既可行，又方便，于是按照曹冲的办法称象，终于知道了大象的重量。

D. 马丁认为这样治病，既不痛苦，效果又好，于是去看中医，吃了中药后头疼病果然好多了。

E. 同学们觉得这样学习汉字，既容易记，又节省时间，于是用这个办法学汉字，进步很快。

教学步骤 6：随堂练习。

随堂练习 1：请把下列语段改成正确的中文表达：

A. 同学们觉得大卫这样点菜，既省时，又方便，于是同学们也跟大卫一样点起菜来，从此大家再也不怕点菜了。

B. 我觉得小王这样减肥，既快乐，又轻松，于是我也像小王一样每天游泳，效果真的特别好。

随堂练习 2：请为下列语段选择正确的中文表达，可以多选：

（1）丈夫觉得妻子这样教育孩子，既轻松，效果又好，于是也像她一样对待孩子，____________________。

A 父子关系越来越好

B 父子关系越来越糟糕

C 他跟孩子越来越像朋友

D 孩子越来越喜欢他

E 孩子越来越怕他

（2）大家觉着这样买东西，既安全，又方便，于是____________________，用现金结账的人越来越少。

A 大家都开始扫码结账

B 都开始扫码结账

C 都不愿意带现金了

D 大家都不愿意带现金了

教学步骤 7：布置课后作业。

请用下面的结构写一个语段：这样……，既……，又……，于是……，……。

其次是“反而”的教学设计。

先看课文中的语段：

(48) 林为埋头苦干了一段时间，不但没取得什么成绩，反而在几个大项目上都失败了。(进步篇 2 · 第 18 课)

教学步骤 1：问题导入。

导入语 1：林为埋头苦干了一段时间，应该怎么样？

学生看 PPT1 回答：

(PPT1：林为挑灯工作) 工作中取得一些成绩。

导入语 2：实际情况是什么？

学生看 PPT2 回答：

(PPT2：林为一脸痛苦) 在几个大项目上都失败了。

教学步骤 2：教师提问，学生回答。

问题 1：林为埋头苦干了一段时间，他觉得结果怎么样？

回答：工作做得很好。

问题 2：他工作取得成绩了吗？

回答：没有。

问题 3：更不好的结果是什么？

回答：在几个大项目上都失败了。

教学步骤 3：口语表达训练。

请用下面的结构回答问题：林为埋头苦干了一段时间，他的愿望跟实际情况有什么不同？(参考格式：……，不但没……，反而……。)

教学步骤 4：替换练习。

请根据提示词用以上结构说一段话。

（学习一直很努力，取得好成绩，连一般的大学都没考上）
（天气预报说今天有雨，下雨，是个大晴天）
（他离得最远，迟到，第一个到聚会地点）
（他吃了感冒药，好，更厉害了）
（小李被老板批评了一顿，生气，笑了）

教学步骤 5：讲解与归纳。

这个语段的主语是“林为”，后边的小句用零形式，使小句与小句之间更连贯。“反而”的核心语义为“超出反预期的结果”其基本语义模式为：

情况（背景句）+预期（常常省略）+不但没（预期结果）+超出反预期的结果（反而句）。

“反而”强调反常性，实际情况是超出了说话人的反预期。如果是一般的反预期，就不能用“反而”。

该语段的主要意思是：林为努力工作应该有好的结果，但是这样的情况没有发生，实际情况是发生了更不好的结果。

比如下边的例句：

A. 他学习一直很努力，（预期：他取得好成绩）不但没取得好成绩，反而连一般的大学都没考上。

B. 天气预报说今天有雨，（预期：下雨了）不但没下雨，反而是个大晴天。

C. 他离得最远，（预期：会晚到）不但没迟到，反而第一个到聚会地点。

D. 他吃了感冒药，（预期：病好点了）不但没好，反而更厉害了。

E. 小李被老板批评了一顿，（预期：哭了）不但没哭，反而笑了。

教学步骤 6：随堂练习。

随堂练习 1：请把下列语段改成正确的中文表达。

A. 我们都鼓励她坚持下去，她应该坚持，她不但没有坚持，反而放弃了。

B. 同屋打破了我的杯子，他应给赔，他不但没赔，反而连“对不起“都不说。

随堂练习 2：请为下列语段选择正确的中文表达，可以多选：

（1）女朋友过生日，他不但没办生日聚会，反而________________。

A. 请她吃饭了

B. 连“祝你生日快乐”都没说

C. 连生日礼物都没买

D. 送她鲜花和生日蛋糕了

（2）小张第一次参加比赛，面对实力很强的对手，________，反而赢了。

A. 不但很紧张

B. 不但没输

C. 不但表现得很好

D. 不但没慌张

教学步骤 7：布置课后作业。

请用下面的结构写一个语段：……，不但没……，反而……。

4.3　论说体语段的教学设计

4.3.1　如何从表象引申到道理——以“事实上”为例

先看课文中的语段：

（49）这只是一个美丽的传说，事实上凤凰是人们想象出来的形象。在中国传统文化中，它跟龙一样，被以前的帝王们当作权力和尊严的象征。不过，后来凤凰也成了民间的吉祥物，尤其在中国传统的婚礼上，它成了新娘礼服上和头上的装饰，象征着吉祥和喜庆。（进步篇 1·第 9 课）

教学步骤 1：问题导入。

导入语 1：凤凰这种鸟儿是什么样子的？

学生看 PPT1 回答：

（PPT1：一只非常漂亮的神鸟——凤凰）凤凰非常漂亮，它有很鲜艳的羽毛。

导入语 2：凤凰这种鸟儿是不是真的存在？

学生看 PPT2 回答：

（PPT2：提示关键词语——传说）凤凰并不存在，它只是人们想象出来的形象，只是一个传说。

导入语 3：中国人为什么喜欢凤凰，为什么会存在凤凰的传说？

（PPT3：提示凤凰的象征意义，比如出现吉祥物、新娘的装扮等）它是权力和尊严的象征，也是民间的吉祥物，新娘礼服和头上的装饰也都有凤凰的形象。

教学步骤 2：教师提问，学生回答。

问题 1：凤凰是真实存在的吗？

回答：凤凰只是一个美丽的传说。

问题 2：事实上，凤凰是一种什么样的存在？

回答：事实上凤凰是人们想象出来的形象

教学步骤 3：口语表达训练。

请用下边的结构回答问题：凤凰是不是真实存在的？人们为什么喜欢它？（参考结构：它只是……，事实上，……。……。）

教学步骤 4：替换练习。

请根据提示词用以上结构说一段话。

（压岁钱，美好的寄托，并不在乎钱的多少）

（吃饺子，全家团圆，并不是因为饺子非常好吃，也不在乎是什么馅儿的）

（独生子女，好像有很多的关爱，孩子们没有同龄人陪伴常常会觉得孤独）

（中国人的传统观念，好孩子应该听话，不听话的孩子代表他有自己的想法，更喜欢尝试新事物）

教学步骤 5：讲解与归纳。

这个语段的主语是“这”，“这”实际上是承接前文所述内容，因此在撰写这个语段时，应该先铺垫相应内容。我们先以课文中的语段为例：“这只是一个美丽的传说”，“这”指的就是凤凰，那么在这个语段以前，应该先介绍凤凰的故事，让人们了解这个故事以后，再从这个故事本身引申到故事的实际含义，达到升华主题的目的。我们再以练习中的“压岁钱”和“吃饺子”为例，在撰写这样的语段以前，应该先介绍相应的习俗，比如“压岁钱是中国人过年的一个习俗，由长辈发给晚辈一些钱，过年的时候，吃晚饭以后长辈要将事先准备好的压岁钱分给晚辈，孩子们拿了钱，可以去买自己想吃的东西，或者存起来。”读者在阅读了这个习俗以后，可能会觉得孩子很幸福，可以得到很多钱，也有人可能会提出疑问：为什么晚辈要给孩子们很多钱？这时我们就需要说一说这样做的意义：

这只是晚辈的一种美好的寄托。事实上，压岁钱并不在乎钱的多少，只要心意到了，祝福孩子们在新的一年里平平安安就好。

教学步骤 6：随堂练习。

随堂练习：请为下列语段选择正确的中文表达，可以多选。

（1）龙并不是真实的存在，它只是一个传说。事实上，________________。

A. 龙只是人们想象出来的一个形象

B. 龙是中国传统文化中权利和尊严的象征

C. 龙有着至高无上的地位

D. 只有皇帝才可以用有龙形图案的物品

E. 中国人是“龙的传人”

（2）很多人觉得中国的汉字很漂亮，能创造汉字的人，一定是非常聪明的人。传说是仓颉创造了汉字。事实上，____________________。

A. 这只是一个传说

B. 仓颉日思夜想，到处观察，终于创造了汉字

C. 汉字是人民群众集体智慧的结晶，不应该是一个人的功劳

D. 仓颉真的是很聪明的人

E. 汉字的诞生并不是一人一手之功，是先民长期累积发展的结果

教学步骤 7：布置课后作业。

布置课后作业：请用下面的结构写一个语段：“……。事实上，……。”

4.3.2　如何用比较和转折的方式表达自己的观点

先看课文中的语段：

（50）他们<u>本来以为</u>，准备的过程会是一首优美的婚礼进行曲，<u>可是现在看来</u>，却更像是一件非常麻烦的事。（进步篇·读和写 1·第 12 课）

教学步骤 1：问题导入。

导入语 1：你们有没有参加过婚礼？或者看过别人举办的婚礼？

学生看 PPT1 回答：

（PPT1：展示婚礼时的盛况）我参加/看过朋友/家人的婚礼。

导入语 2：你们觉得婚礼好看不好看？

（PPT2：展示新郎、新娘及亲朋好友一起庆祝的场景）我们觉得婚礼特别美好，我很羡慕新郎和新娘。

导入语 3：你们觉得准备婚礼的过程，麻烦不麻烦？

（PPT3：展示婚礼准备的过程）准备婚礼可能有点儿麻烦。

教学步骤 2：教师提问，学生回答。

问题 1：一般人觉得，准备婚礼的过程怎么样？

回答：一般人觉得准备婚礼还算是一件美好的事情。

问题 2：他们办完婚礼以后，再回想起来准备婚礼的过程，会有什么感觉？

回答：回想起来，那简直太麻烦了，非常折磨人。

教学步骤 3：口语表达训练。

请用下边的结构回答问题：还没准备婚礼的时候，人们觉得它怎么样？办完婚礼以后，觉得准备婚礼的过程怎么样？（参考结构：……本来以为……，可是现在看来，……。）

教学步骤 4：替换练习。

请根据提示词用以上结构评述下边这些事件：

（老师，教学生，教了三遍，学生都没听懂，做练习时都做错了）

（大卫，来中国学习汉语，学了三个月，不会写汉字，也不能跟中国人聊天）

（朋友们，去看足球比赛，球队很有名，踢得很无聊，让人快睡着了）

（小明，坐飞机比坐火车快，但是今天刮风下雨，飞机晚点很长时间，更慢了）

教学步骤 5：讲解与归纳。

这个语段并不复杂，由两个主要的部分构成，一部分是原先以为的情况，用“Subject+本来以为……”构成，而且这种看法不仅是作者的看法，也可能是一般人的看法，比如（50）中的语段，“他们本来以为，准备的过程会是一首优美的婚礼进行曲”。在一般人看来，婚礼是一种浪漫的仪式，准备的过程也应该会是开开心心的，像一部优美的进行曲一样，所以这种看法并不是作者的观点，而是一般人的普遍想法。在陈述这部分内容以后，该语段使用“可是现在看来”这样的表述来反驳先前的观点。“现在看来”表示经过了作者的实践，发现事情/道理并不是先前说的那样，比如（50）中的语段，一般人都觉得准备婚礼像进行曲一样，但是经过实践，发现准备婚礼的过程是非常忙乱而且复杂的，作者终于得出了最终的观点，即“可是现在看来，却更像是一件非常麻烦的事”，不但不像进行曲，反而更像一段“摇滚乐”。

我们给学生的练习，也体现出了这样的意思，比如上文“坐火车比坐飞机快”，这不但是“小明”的观点，也是普通人的观点。但是由于当天天气不好，又刮风又下雨，导致飞机严重晚点，结果就是“可是现在看来，坐飞机比坐火车还要慢”的观点。我们使用这种表达手段，可以让自己提出的观点更有针对性，也更有说服力。

教学步骤6：随堂练习。

随堂练习：请为下列语段选择正确的中文表达，可以多选。

（1）我们本来以为，打车去那里可以快一点儿，节省半个小时，可是现在看来，________。

A. 这里的交通堵塞太严重了，一个小时才走了15公里

B. 坐地铁可能是更好的选择

C. 打车去比坐公共汽车贵很多

D. 这条路的红绿灯太多了，光等红绿灯就等了半天

E. 我们让朋友等了很长时间，觉得非常不好意思

（2）我们的口语老师上课的时候讲了很长时间的语法，他本来以为我们都掌握了，能造句子，也能做口头报告了，可是现在看来，________。

A. 学习语言不能光听课，还要多实践

B. 学生们并没有完全听懂老师讲的内容，造的句子也都是错的

C. 老师白讲了，学生都没听懂，也没掌握

D. 老师讲课的方法不太好

E. 口语课的讲练方法跟其他课不一样，不能光讲不练

教学步骤7：布置课后作业。

布置课后作业：请用下面的结构写一个语段：“Subject 本来以为，……，可是现在看来，……。”

4.3.3　总述、分述的表达方法训练

先看课文中的语段：

（51）父母替子女相亲，一是因为儿女工作太忙或者认识的人不多而耽误了自己的终身大事；二是因为儿女自己不愿意或不好意思来参加这样的活动。（进步篇·读和写1·第12课）

教学步骤1：问题导入。

导入语1：你们有没有让父母帮你们相过亲？

学生看 PPT1 回答：

（PPT1：展示父母相亲会的图片）我们有/没有过这样的经历。

导入语 2：你们觉得为什么有的年轻人需要让父母替他们相亲？

（PPT2：展示一些工作很忙的年前人的图片）可能是他们的工作太忙了。

导入语 3：你们觉得还可能有别的原因吗？

（此时可以作为开放性问题，让学生自由回答）可能他们认识的人不多，也可能是他们不好意思，也可能他们不愿意自己去相亲，……

教学步骤 2：教师提问，学生回答。

问题 1：父母替子女相亲，第一个原因是什么？

答：第一个原因是儿女工作太忙或者认识的人不多而耽误了自己的终身大事。

问题 2：父母替子女相亲，第二个原因是什么？

答：第二个原因是儿女自己不愿意或不好意思来参加这样的活动。

教学步骤 3：口语表达训练。

请用下面的结构回答问题："父母替子女来相亲，主要原因是什么？"（参考回答格式：……，一是因为……，二是因为……）

教学步骤 4：替换练习。

请根据提示词用以上结构来说明事件的原因。

（这部电影得到金奖，题材很好，贴近生活实际，演员很有名，都是明星大腕儿，表演的技巧也很高）

（大家都很喜欢他，他有求必应，常常帮助朋友，有困难的时候，自己先上）

（那家餐厅每天都排队，饭菜很好吃，干净卫生，价钱便宜，服务很好）

（同学们很喜欢张老师，张老师上课幽默风趣，讲的内容很有意思，关心学生，帮助学生，认真回答学生的问题）

教学步骤 5：讲解与归纳。

这个语段先提出一个事件，然后分别叙述产生这个事件的原因，语段中用了"一是因为……，二是因为……"这样的语段，当然，如果有多个原因，也可以按顺序继续排列。这个语段的结构不太复杂，但是需要学生在撰写的时候，逻辑清晰，理由充分，如果碰到几个类似的原因，也可以统归到一个条目下边，比如课文中的例句（51），父母替子女相亲，一是因为“儿女工作太忙或者认识的人不多而耽误了自己的终身大事”，这里看似是一个原因，实际上是两个“子原因”，首先是儿女工作太忙，其次是儿女认识的人不多，但是作者并没有再把这两个“子原因”分列出来，因为它们实际上都属于“因工作原因而没时间找对象”这个大原因；第二个原因也是这样，“二是因为儿女自己不愿意或不好意思来参加这样的活动”，这实际上也包含了两个“子原因”，一个是儿女自己不愿意参加相亲活动，另一个则是儿女不好意思来参加这样的活动，但是作者仍然把它们列入一条，属于“子女不来参加相亲活动”的大范畴。

在我们的练习中，也强调了这类表达技巧，如上文的练习中，“这部电影获得了金奖，一是因为电影的题材很好，贴近生活实际，能得到观众的共鸣；二是因为这部电影的演员都很有名，很多都是明星大腕儿，表演的技巧也很高，能把握人物的精髓”。这个语段中表述了电影获得金奖的原因，首先是题材好，其次是演员好，但是每个范畴又有不同的方面，这些方面就都被归纳到了一个条目中，不再分列单说了。

教学步骤 6：随堂练习。

随堂练习：请为下列语段选择正确的中文表达，可以多选。

（1）他最近省吃俭用，做什么都不舍得花钱，________________。

A. 一是因为他最近丢了工作，没有了收入；二是因为他觉得自己太胖了，想减肥

B. 一是因为他最近想买一辆新车；二是因为想重新装修一下房子

C. 一是因为他最近生病了，没有胃口；二是因为他觉得这些饭菜都不好吃

D. 一是因为他的父母生病了，他要花很多钱给他们治病；二是因为他的妻子要生孩子了，他要存钱准备养孩子

E. 一是因为他开的店铺最近赔了钱，二是因为他欠了别人很多钱

（2）那家咖啡店最近很火，每次喝咖啡都要排很长时间的队，店里整天都是人山人海，________________。

A. 一是因为现在年轻人越来越爱喝咖啡，二是因为这家的咖啡味道很好

B. 一是因为这家咖啡店的地理位置很好，很容易找到；二是因为这里的价钱很便宜

C. 一是因为年轻人工作很忙，二是因为人们很喜欢聊天儿

D. 一是因为这家店经常搞促销活动，二是因为这里的咖啡物美价廉

E. 一是因为这个小区有很多人，二是因为这里有很多大公司

教学步骤7：布置课后作业。

请用下面的结构写一个语段："……，一是因为……；二是因为……。"

4.4 小结

我们从《成功之路·进步篇》教材中找到了70个能体现初级阶段叙事语篇搭配成分、篇章特点的汉语句和语段，并通过多个典型案例的分析，探讨了如何在初级汉语课堂中对语段知识进行讲解及操练，通过课前、课中、课后等一系列活动，提高留学生的语段表达能力。我们强调在理解的基础上，给学习者出示若干包含衔接和连贯要素的习题，让其通过判断或选择来鉴别和巩固这些知识。然后给学习者设置若干抽掉了衔接与连贯要素的习题，让其根据上下文的语境，把它们找回、补足。我们的教学设计就是提供这些"脚手架"，使学生逐步建立汉语语段意识，用我们给他们的语篇语义框架写一段连贯的话，提高他们的口头及书面表达能力，如果学生学到中高级阶段时，仍然能坚持此类方法，那么学生的语篇输出可以更为接近母语者的水平。

附：本章部分练习参考答案

4.2.1 话题零形式的教学设计

教学步骤4：替换练习（参考答案）

（1）说起大卫，大家都很佩服他，说他是羽毛球高手，练习羽毛球已经很多年了，打得特别好。

（2）说起李大夫，大家都很尊敬他，说他是一名好医生，工作很多年了，治好了很多人的病。

（3）说起张老师，大家都很喜欢他，说他教学很有经验，教书教了很多年，课上得很有意思。

（4）说起我的朋友马丁，大家都很羡慕他，说他很聪明，学外语学得很快，会说五种语言。

教学步骤6：

随堂练习1（参考答案）

（1）说起大卫，大家都特别佩服他，说他是羽毛球高手，练羽毛球两年了，

打得特别好。

（2）说起李大夫，大家都很尊敬她，说她是好医生，工作五年了，治好了很多人的病。

随堂练习 2（参考答案）

（1）AC。

（2）BD。

随堂练习 3（参考答案）

（1）×。“说起”后的人物是该语段的话题，应该是说话人和听话人都认识的。“一个朋友”是无定的，所以不对。

（2）√。

（3）√。

（4）×。大家觉得马老师很了不起，后边的小句应该说明原因。“这些书都很有意思”跟“马老师很了不起”没有直接关系，所以不对。

（5）√。

（6）×。“安妮很聪明”跟“她来中国很多年了，想在北京找工作”没有因果关系，所以不对。

4.2.2　时间连接词的教学设计

教学步骤 6：

随堂练习 1（参考答案）：ACE。

随堂练习 2（参考答案）：C。

随堂练习 3（参考答案）：妈妈永远是孩子坚强的后盾。孩子在家时，妈妈总是给孩子做好吃的东西；孩子出门时，妈妈一直担心孩子的安全和健康；孩子生病时，妈妈在身边照顾，吃不好睡不好。

4.2.3　具有衔接功能词语的教学设计 I——“于是”的教学设计

教学步骤 4：替换练习（参考答案）

（1）人们见这样旅行，既省钱，又自由，于是就尝试自助游，这种旅行的方式就越来越受欢迎了。

（2）人们见这种锻炼方式，既能强身健体，又能提高自己的修养，于是都开始打起了太极拳，学打太极拳的人越来越多了。

（3）官员们觉得这种称象的方式，既可行，又方便，于是按照曹冲的办法称象，终于知道了大象的重量。

（4）马丁见这种治病的方式，既不痛苦，又有很好的效果，于是选择去看中医，吃了中药以后，头疼病果然好多了。

（5）大家见这种学习汉字的方法，既容易记，又节省时间，于是都开始用这个办法学汉字，进步都很快。

教学步骤6：

随堂练习1（参考答案）

A. 同学们见大卫这样点菜，既省时，又方便，于是也跟大卫一样点起菜来，从此大家再也不怕点菜了。

B. 我见小王这样减肥，既快乐，又轻松，于是也像小王一样每天游泳，效果真的特别好。

（修改原因：零形主语小句是体现话题延续性的重要手段。A语段先行句的主语是“同学们”，“于是”小句的主语也是“同学们”，既然话题一致，“于是”小句用零形主语。同理，B语段先行句的主语是“我”，“于是”小句的主语也是“我”，话题不变，自然选择零形主语。参考方梅《汉语篇章语法研究》，社会科学文献出版社，2019年，P70。）

随堂练习2（参考答案）

（1）ACD。

（2）BC。

4.2.3 具有衔接功能词语的教学设计II——“反而”的教学设计

教学步骤4：替换练习（参考答案）

（1）他学习一直很努力，结果到了高考的时候，不但没取得好成绩，反而连一般的大学都没考上。

（2）天气预报说今天有雨，结果今天不但没下雨，反而是个大晴天。

（3）他离得最远，不但没迟到，反而第一个到了聚会地点。

（4）他吃了感冒药，病不但没好，反而更厉害了。

（5）小李被老板批评了一顿，不但没生气，反而笑了。

教学步骤6：

随堂练习1（参考答案）

A. 我们都鼓励她坚持下去，她不但没有坚持，反而放弃了。

B. 同屋打破了我的杯子，他不但没赔，反而连“对不起“都不说。

（修改原因：“她应该坚持”、“他应该赔”都是说话人的预期。预期是说话人的主观推定，由说话人的预设所决定。总体而言，预期很少以显性的语言形式出现在句中。通过语境或人们的常识、逻辑推理，预期是很容易被人理解、领悟或推导出来的。所以为了降低话语的冗余程度，预期通常被省略。)

随堂练习 2（参考答案）

（1）BC。

（2）BD。

4.3.1 如何从表象引申到道理

教学步骤 4：替换练习（参考答案）

（1）在过年的时候长辈一般会送给晚辈压岁钱，这只是一种美好的寄托，事实上，人们并不在乎钱的多少。

（2）春节的时候全家会聚在一起吃饺子，这只是全家团圆的一种方式，事实上，全家聚在一起吃饺子，并不一定是因为饺子有多么好吃，也不会在意是什么馅儿的，只要能开开心心就好。

（3）独生子女看起来好像得到了父母的很多关爱，这只是一个方面，事实上，这些孩子们缺少同龄人的陪伴，也常常会觉得孤独。

（4）一般认为好孩子应该是听话的孩子，这只是一种传统的观念，事实上，不听话的孩子代表他有自己的想法，更喜欢尝试新鲜事物，未必是一种坏事。

教学步骤 6：随堂练习（参考答案）

（1）BC。

（2）ACE。

4.3.2 如何用比较和转折的方式表达自己的观点

教学步骤 4：替换练习（参考答案）

（1）这些内容老师教学生教了三遍，本来以为学生都听懂了，可是现在看来，学生们都没听懂，做练习时也都做错了。

（2）大卫来中国学习汉语学了三个月了，本来以为能认识些汉字，也能跟中国人进行一些简单的交流，可是现在看来，他不但不会写汉字，也不能跟中国人聊天儿。

（3）朋友们去看足球比赛，本来以为球队很有名，比赛会很精彩，可是现在看来，这场比赛踢得特别无聊，让人都快睡着了。

（4）小明想快点儿到达目的地，他本来以为坐飞机会比坐火车快，可是现在看来，这种刮风下雨的天气，飞机一定会晚点很长时间，很有可能更慢了。

教学步骤 6：随堂练习（参考答案）

（1）ABD。

（2）BC。

4.3.3　总述、分述的表达方法训练

教学步骤4：替换练习（参考答案）

（1）这部电影能得到金奖，一是因为题材很好，贴近生活实际；二是因为演员很有名，都是明星大腕儿，表演的技巧也很高。

（2）大家都很喜欢他，一是因为他有求必应，常常帮助朋友；二是因为他在遇到困难的时候，都是自己先上，把困难留给自己。

（3）那家餐厅每天都排队，一是因为饭菜很好吃，干净卫生；二是因为价钱便宜，服务很好。

（4）同学们很喜欢张老师，一是因为张老师上课幽默风趣，讲的内容很有意思；二是因为他关心学生，帮助学生，认真回答学生的问题。

教学步骤6：随堂练习（参考答案）

（1）BDE。

（2）ABDE。

第五章　初级汉语语段教学的实证研究[①]

为了验证以上教学方案的可行性和有效性，我们通过设计教学实验的方式进行了研究。我们以初级系两个留学生教学班为研究对象，实验班在教学过程中补充相关的语段表达练习，而对照班则进行传统的综合课教学，在期末测试中，两班学生均进行语段表达测验，结果显示：（1）实验班学生的语段表达综合得分显著高于对照班；（2）在表述相同主题、使用相同结构进行语段表达时，实验班学生所用的词汇总量显著高于对照班；（3）在用词丰富性方面，实验班和对照班在使用乙级和丙级词汇时差异显著，这说明这种教学对促进留学生使用乙级、丙级等常用词上有明显的促进作用。通过以上结果可以发现，对于初级水平留学生来说，通过系统的教学与训练，学生可以明显提高语段表达的连贯性以及用词的丰富性，对初级水平留学生叙事体语段的习得有较大帮助。以下我们对实验过程、实验结果进行分析。

5.1　引言

在汉语语段的习得与教学研究方面，高宁慧（1996）、田然（1997）、何立荣（1999）、曹秀玲（2000）、杨春（2004）、霍静宇（2004）、陈晨（2005b、c）、赵成新（2005）、刘俊玲（2005）、李炜东、胡秀梅（2006）等都从各自角度对语段习得与教学进行了实证研究，总结他们的研究成果，可以发现如下特点：

首先，在语段表达的习得过程研究方面，一些学者通过分析学生的偏误，采用横向规模研究、纵向个案研究、问卷调查等方式，对语段习得中的某些问题进行了考察，但此类研究专注于对偏误的归类分析，而少有具体针对成段表达中各项手段的系统研究报告。

其次，在语段表达研究中，偏误分析占据较大的比重，在偏误分析中，研究者也多将产生的偏误归因于母语负迁移、学习时间短、驾驭汉语能力弱、汉语语感差等。然而偏误分析所观察到的语料仅限错误的一方面，对正确的表达关注不

---

① 本章部分内容曾以《初级水平留学生叙事体语段的教学实验研究》为题，发表于《华文教学与研究》2018 年第 4 期。

多；另外，对于如何通过教学手段，提高留学生，特别是初级水平留学生语段表达的能力，相关研究也不多见。

再次，在研究对象方面，目前语段习得与教学的研究对象，多以中、高级汉语学习者为主。研究者认为，初级留学生大多停留在独立小句的学习阶段，所以研究的语料多选自中高级学生作文，当然也有部分研究者对初级学生语段偏误做了一定的研究，不过总体来说，学者们认为针对水平较高的学习者进行语段的习得与教学研究比较容易揭示篇章习得的规律，因此对于初级学生的语段表达能力训练与研究均不太足够。

我们研究发现，初级留学生实际上仍然需要语段表达方面的训练，我们以《成功之路·进步篇》（初级下所使用的教材）为例，根据本书第三章的相关研究，仅在该教材的第一、二册中，就发现了至少三类语段表达的框架以及 70 种语段表达的结构，例如如何用零形式来表达话题链，如何在语段内部进行时间上的衔接，以及如何使用具有重要连贯功能的词和短语等，然而我们在教学中并没有突出这些内容，教师可能会把这些内容融入综合课的课堂教学之中，如在串讲课文，复述文章大意时，会让学生成段地进行表达，但缺乏系统性训练。

基于以上问题，我们拟采取实验班教学的方式，通过课堂上有意识的语段表达手段与技巧的教学，考察其是否对初级水平留学生语段表达的能力有促进和提高作用，通过对照班级的对比来检验二者的差异，并尝试分析原因，据此提出教学建议和改革方案。

5.2 实验研究

5.2.1 被试

共 40 名被试参加了本实验，其中中国学生 13 名（男生 2 名，女生 11 名；均为本科生、硕士研究生及研究生毕业不久的年轻教师，普通话达到二级甲等以上）；留学生 27 名，男生 14 名，女生 13 名，均为北京语言大学初级系（下）语言进修生，其中韩国 6 名，法国 3 名，白俄罗斯 2 名，日本 2 名，澳大利亚 2 名，印度尼西亚 2 名，朝鲜、泰国、希腊、俄罗斯、南非、西班牙、罗马尼亚、德国、塔吉克斯坦、尼泊尔各 1 名。这些留学生分为两组，A 组为实验组，共 13 名学生；B 组为对照组，共 14 名学生，他们被随机分配到两个不同的教学班中，由两位教师分别任教。两组留学生均已学完《成功之路·顺利篇》的前 19 课，综合考虑他们在前一学期的期末成绩和总成绩、HSK 成绩、任课教师的评价、学习汉语的时长等因素，基本认定所选被试处于同一水平。两个教学班的任课教师均为拥有多年教学经验的汉语进修学院优秀教师，曾多次任教该门课程，教学经验丰富，学生评估成绩相当，也可以基本认定教员处于同一水平。

两个班级所教授的内容均为初级汉语综合课（下），所用教材为《成功之路·进步篇》，每册12课，每课使用6课时讲授完毕。本研究只限《进步篇》第一册的内容，整个教学实验持续72课时。具体的实验方法是：实验班在完成基本教学任务后，适当减少其他内容的教学时间，然后在每课的教学中（每6课时）加入约30分钟的语段表达方面的讲解与操练，由任课教师指导完成，如讲解语段表达的技巧，连贯、衔接的方式，如何针对某个话题进行描述，以及部分课堂练习。所使用的教学步骤主要有：

A. 学习课文中的范文范句；

B. 通过问题导入语段内容；

C. 通过师生问答熟悉语段表达方法；

D. 口头表达训练：请学生使用关键词复述该语段；

E. 给学生其他话题，让学生仿造该语段的结构进行表述；

F. 讲解语段的构造及其特点；

G. 随堂综合练习。

具体方法参见本书第四章的案例及课堂教学步骤说明。对照班则采用传统的综合课授课方式，在6课时内完成与课程有关的生词、语法、课文、汉字等的讲练，以及处理课堂作业等。也就是说，实验班和对照班在教学总时长上并无差异，均为每课6课时，唯一的差别是如何分配这6课时的内容。实验班会抽出30分钟讲练语段表达的技巧，而对照班则无此项专门练习时间（当然也会在处理课文时不自觉地锻炼成段表达能力）。经过72学时的教学，我们对两个班的学生进行了测验，并配对了同等数量的中国人进行参照，以下详细说明本研究的实验材料和程序。

5.2.2　实验材料

本研究的实验材料均为《成功之路·进步篇1》（以下简称《进步1》）中的课文节选，研究者从该教材中随机选取3个有代表性的语段，在给出课文原文的前提下，指定语段结构，让学生自选话题，造出三个符合逻辑、语义连贯、语句通顺的语段。

这三个语段分别出自《进步1》的第四课、第六课和第十一课，课文都为课上教师详细讲解以及操练过的，因此可以排除熟悉度对被试的干扰，具体题目如下：

（1）题目1：

例句：说起陈师傅，大家都特别佩服他，说他是太极拳高手，练太极拳已经

五十多年了，功夫很厉害。（选自《进步 1 · 第 4 课》）

结构：说起……，大家都……，说 Ta……，……，……。

（2）题目 2：

例句：左手握右手，虽然不会让你的心颤抖，但天冷时，你会不自觉地把左手和右手握在一起；拿重的东西时，左手累了，你会换到右手上；受伤时，一只手不能做事情了，会很自然地换到另一只手上。（选自《进步 1 · 第 6 课》）

结构：……，……时，……；……时，……；……时，……。

（3）题目 3：

例句：人们见他这样吃饭，既不烫手，又不会让手上沾上油腻，于是也像他那样吃起饭来，筷子就这样产生了。（选自《进步 1 · 第 11 课》）

结构：这样……，既……，又……，于是……，……。

5.2.3 实验程序

留学生部分的测试在北京语言大学初级系（下）的教学班中进行。教师首先介绍指导语，告知学生需要完成的任务，并提供给学生充裕的时间阅读例句以及编写语段，每个被试独立完成全部题目，不允许查阅词典、参考书目以及上网检索，由任课教师进行监督。本实验鼓励学生用汉字进行表达，但如果实在不记得该汉字的写法，允许在较小的范围内使用拼音，学生作答完毕后，由任课教师统一收回进行录入与分析。

中国人对照组的测试通过纸笔测试完成，由研究者分发给中国学生及青年教师，让他们在无干扰及不查阅词典、资料的情况下，独立完成语段的编写。题目、要求与留学生相同，在被试明确表示编写完成后，由研究者统一收集并作为进一步分析的资料。留学生组的实验时间约为 25 到 35 分钟不等，母语者的实验时间为 10 到 15 分钟。实验结束后，每人获赠一份小礼物作为答谢。

5.3 结果与分析

研究者对以上语段表达内容进行录入和整理，将其分为实验组、对照组和中国人三组。实验组 13 人，对照组 14 人，中国组 13 人，每人造 3 个语段，其中实验组一名学生因理解问题，空缺一题；对照组有两名学生，分别空缺了一题和两题，中国人组无空缺，故实际收集的有效语段数量分别是：实验组 38 段，对照组 39 段，中国组 39 段，共计 116 段。

我们随后聘请四位汉语国际教育专业的师生对所有语段独立进行打分，以百分制计算，综合考虑语言表达的连贯性、逻辑性以及适切性等。在打分时，我们将三个组别的所有语段内容打乱顺序，这样避免了组别差异对评分员造成的干扰，所有语段随机分配顺序，评分员不需考虑学生之间的差异，只需单纯评判语段表达的成绩即可。

在分析语段用词丰富性时，我们参考了《汉语水平词汇与汉字等级大纲》中的8822个词语，该书从常用性、学习难度的角度对词汇进行了分级，这些词语已经被分为了甲级、乙级、丙级和丁级词汇，我们先将这些词语录入数据库，然后使用Java语言编写了相关的检索程序，可以将被试编写的所有语段材料匹配到该数据库中，计算出每个语段使用的甲级词、乙级词、丙级词、丁级词和超纲词的数量以及总词数，逐句标记后，以备进一步的检验与分析，如下所示：

同学/们/见/他/这样/整理/笔记/,既/节约/时间/,又/能/全面/清晰/地/总结/知识/,
甲 /甲/甲/甲/ 甲 / 乙 / 乙 /,乙/ 乙 / 甲 /,甲/丙/ 乙 / 丙 /甲/ 乙 / 甲 /,
于是/也/学习/这/种/方法/,果然/提升/了/学习/效率/。
乙 /甲/ 甲 /甲/甲/ 甲 /, 乙 / 丁 /甲/ 甲/ 乙 /。

通过这种计算分析，结果显示，该语段共使用甲级词16次，乙级词9次，丙级词2次，丁级词1次，无超纲词，词汇总用量共计18次。

在收集以上材料的基础上，本文使用R（v3.4.1）软件及其相关的lme4（v1.1-12）（Bates，Mächler，Bolker，&Walker，2015）的lmer程序包，对相关数据进行统计和计算。

5.3.1　语段打分评价

在四名师生完成所有打分内容后，我们首先对其打分的一致性做了相关研究，如果四位评分员的评分高度一致，那么我们有理由相信，评分员对学生所造语段的把握有一定的同一性，而且可以在较大程度上代表学生语段表达的真实水平，文中将四位评分员分别记作H学生、S学生，L教师和D教师，以下是他们打分的相关系数及其一致性检验结果。

表2　四位评分员所评分数的一致性相关检验结果

	H学生	S学生	L教师	D教师
H学生	1.000	.696	.694	.693
S学生	.696	1.000	.770	.750
L教师	.694	.770	1.000	.811
D教师	.693	.750	.811	1.000

经过相关分析，四位评分员所打的分数呈现出高度的一致性，相关系数均在 0.7 ~0.8 左右，经过显著性检验，所有评分员之间的显著性 $p<.001$，显示出了高度的一致性，因此我们可以相信，评分员对学生所编写的语段水平有了较为统一的认识。

在此基础上，我们检验了实验组、对照组以及中国组在语段表达上的平均分数及其差异，三组的平均分数如表 3 所示：

表 3　实验组、对照组和中国组的语段表达所得分数

组别	被试数量	语段数量	平均得分
对照组	14	39	65.8
实验组	13	38	74.5
中国组	13	39	87.1

我们随后对三者的差异显著性进行了检验。以对照组为基线，检验实验组、中国组在平均得分上是否与其存在显著差异。结果显示，实验组与对照组得分的差异极其显著（$p<.001$），中国组与对照组的得分的差异同样极其显著（$p<.001$），结果如表 4 所示。

表 4　实验组、对照组和中国组语段表达得分的差异显著性检验

组别	b 值	bse	z 值	p 值
(Intercept)	65.63	3.08	21.33	.000 ***
实验组	8.67	1.31	6.63	.000 ***
中国组	19.42	1.31	14.86	.000 ***

注：在 R 中的公式：Score ~ Group +（1 | Students）+（1 | Item）+（1 | Name）. 其中 Group 代表组别。* 表示 $p<.05$，** 表示 $p<.01$，*** 表示 $p<.001$.

从上述结果可以看出，所有评分员一致认为实验组留学生的成段表达水平明显高于对照组（$p<.001$），同时，中国学生的成段表达水平也明显高于对照组（$p<.001$）。

5.3.2　语段用词丰富性

1. 用词总量

上一节讨论了不同组别被试在成段表达上的总体水平及其差异，但有哪些因素造成了这些差异，只从打分的角度难以看出，因为评分员并不是根据每个分项技能或因素进行打分，而是总体评分，因此，这一节我们从语段中用词丰富性的角度，来查验三组被试在语段表达方面的差异。

首先，我们统计了三组被试在使用同样题目、同一结构情况下，所使用词汇量的差别，以下是三组被试在词汇量上的总体数据。

表 5　实验组、对照组和中国组语段表达用词量

组别	被试数量	语段数量	用词总量	语段均用词量
对照组	14	39	833	21.4
实验组	13	38	1265	33.3
中国组	13	39	1250	32.1

我们随后对三者的差异显著性进行了检验。以对照组为基线，检验实验组、中国组在用词总量上是否与其存在显著差异。结果显示，实验组与对照组在用词量上的差异极其显著（p<.001），中国组与对照组在用词量上的差异同样极其显著（p<.001），结果如表 6 所示。

表 6　实验组、对照组和中国组语段表达用词量的差异显著性检验

组别	b 值	bse	z 值	p 值
(Intercept)	21.28	4.11	5.18	.000 ***
实验组	11.94	2.10	5.69	.000 ***
中国组	10.77	2.08	5.17	.000 ***

注：在 R 中的公式：Total ~ Group+（1 | Students）+（1 | Item）. 其中 Group 代表组别。* 表示 p<.05，** 表示 p<.01，*** 表示 p<.001.

2. 用词丰富性

在统计不同组别学生用词总量差异的基础上，我们又将所有语段所使用的词汇进行了分级统计，分为甲级词、乙级词、丙级词、丁级词和超纲词，表 7 反映了三组被试使用不同级别词汇的数量，表 8 则反映了三组被试使用不同级别词汇的比例。

表 7　实验组、对照组和中国组语段表达的词汇分级统计

组别	甲级词	乙级词	丙级词	丁级词	超纲词	总词汇量
对照组	624	79	37	49	44	833
实验组	901	163	81	59	61	1265
中国组	671	225	124	117	113	1250

表 8　实验组、对照组和中国组语段表达的词汇分级比例

组别	甲级词	乙级词	丙级词	丁级词	超纲词	总计
对照组	74.9%	9.5%	4.4%	5.9%	5.3%	100%
实验组	71.2%	12.9%	6.4%	4.7%	4.8%	100%
中国组	53.7%	18.0%	9.9%	9.4%	9.0%	100%

综合观察表 7、表 8，可以看出三组被试在不同等级词汇上的语言表现。总体来说，三组被试均使用了较多的甲级词，乙级、丙级、丁级词汇呈递减趋势，也都会使用一定数量的超纲词汇，但三者在哪些层次上存在显著性差异，则需要做进一步的统计检验。

由于每组被试所使用的总词汇数不同，因此我们不能简单比较三组被试使用各级词汇的绝对数量，而是要在排除总量影响的前提下，比较三者在不同等级词汇上的使用情况，因此我们编写了 Level ~ Group+（1 | Students）+（1 | Item）+（1 | Total）程序进行测量，结果如表 9 所示。

表 9　实验组、对照组和中国组语段表达时使用不同级别词汇的差异显著性检验

词汇类型	组别	b 值	bse	z 值	p 值
1. 甲级词	(Intercept)	22.78	1.74	13.13	.000 ***
	实验组	0.26	1.03	0.25	.802
	中国组	-4.13	0.97	-4.24	.000 ***
2. 乙级词	(intercept)	2.32	0.55	4.19	.000 ***
	实验组	2.12	0.51	4.15	.000 ***
	中国组	3.50	0.50	6.99	.000 ***
3. 丙级词	(Intercept)	0.95	0.44	2.17	.030 *
	实验组	1.18	0.40	2.91	.004 **
	中国组	2.24	0.40	5.56	.000 ***
4. 丁级词	(Intercept)	1.32	0.96	1.39	.165
	实验组	0.21	0.30	0.68	.494
	中国组	1.65	0.30	5.48	.000 ***
5. 超纲词	(Intercept)	1.10	0.50	2.20	.028 *
	实验组	0.49	0.39	1.24	.215
	中国组	1.80	0.39	4.61	.000 ***

注：在 R 中的公式：Level ~ Group+（1 | Students）+（1 | Item）+（1 | Total）. 其中 Group 代表组别。* 表示 $p<.05$，** 表示 $p<.01$，*** 表示 $p<.001$.

我们仍然是以对照组为基线，比较实验组、中国组与之的差异显著性，结果如下：

在甲级词汇中，实验组和对照组的使用量差异不显著（$b=0.26$，$p=0.802$），中国组和对照组的使用量差异显著（$b=-4.13$，$p<0.001$）；在乙级词汇上，实验组和对照组的使用量差异显著（$b=2.12$，$p<0.001$），中国组和对照组的使用量差异也显著（$b=3.50$，$p<0.001$）；在丙级词汇上，实验组和对照组的使用量差异显著（$b=1.18$，$p<0.01$），中国组和对照组的使用量差异也显著（$b=2.24$，$p<0.000$）；在丁级词汇上，实验组和对照组的使用量差异不显著（$b=0.21$，$p=0.494$），中国组和对照组的使用量差异显著（$b=1.65$，$p<0.001$）；在超纲词汇上，实验组和对照组的使用量差异不显著（$b=0.49$，$p=0.215$），中国组和对照组的使用量差异显著（$b=1.80$，$p<0.001$）。

通过以上显著性检验可以发现，实验组和对照组的留学生都使用了较多的甲级词汇，而中国人在编写语段时，会使用更少的甲级词汇；在乙级、丙级词汇的使用上，实验组都多于对照组，也就是说，实验组留学生更多地使用乙级和丙级词汇进行语段表达；在丁级词和超纲词的使用上，实验组和对照组留学生也基本一致，使用量均较少，但中国人会更多使用丁级和超纲词，也就是说，在词汇丰富性方面，实验组和对照组留学生的差异主要表现在乙级、丙级词汇方面，并没有体现在更高级的词汇中，但中国人则倾向于使用更高级别的词汇（如丁级词、超纲词）。

5.4　综合讨论

5.4.1　语段教学实验对留学生语段表达的影响

我们先回顾上文的测试题目，并将其主要结构重写到这里：

(52) a. 说起……，大家都……，说Ta……，……，……。

b. ……，……时，……；……时，……；……时，……。

c. 这样……，既……，又……，于是……，……。

我们从实验组、对照组和中国组分别各随机选取1个语段，后面附有四位评分员的打分情况及平均得分（四位评分员依旧记作H、S、L和D），如表10所示：

表 10　实验组、对照组、中国组语段表达示例及其得分情况

组别	语段	H	S	L	D	平均分
实验组	(53a) 说起铃木一郎，大家都特别尊敬他，说他是有名的棒球运动员，打破各种记录了，性格也不错。	70	90	85	80	81
	(53b) 人们的生活，遇到问题时，应该靠自己解决问题；感到难过的感觉时，最好应该安慰自己；碰到失败时，应该想这是成功的根本。这些想法能让人们会自食其力，另外人们的生活会痛快得多。	88	90	80	75	83
	(53c) 同学们见他这样汉语进步很快，既说得很流利，又听得清楚，于是也像他那样学习起来，他的学习方法就这样普及了。	86	87	75	70	80
对照组	(54a) 说起中国，大家都很大，说文化很丰富，有各种各样的菜。	62	65	55	60	61
	(54b) 上课有意思时，学生来上课，老师很生气时，他们也来，上课无聊时，学生常常没来上课，总之是个好老师。	52	74	60	65	63
	(54c) 这样不方便，既没有意思，又没有道理，于是我特别不好意思，那我怎么办呢。	66	75	50	55	62
中国组	(55a) 说起权志龙，大家都特别喜欢他，说他是盛世美颜，从出道到现在，一直受到大家的追捧。	80	97	95	90	91
	(55b) 朋友是人一生的财富，欢乐时，你可与他分享心中的喜悦；悲伤时，你可以向他倾吐心中的愁绪；迷茫时你可以从他那里获得前进的方向和动力。	90	100	95	95	95
	(55c) 我们看见他这样温和的笑着，既没有教授的架子，又没有学者严厉的神态，于是纷纷向他提问，和他进行交流。	92	95	85	95	92

先比较实验组和对照组留学生的语段表现。

语段 1“说起……”后是一个话题，通常是一个确定的可描述的话题。课文中的“陈师傅”是“我的太极拳老师”，正是本课的中心话题，围绕着大家对陈师傅的态度及其原因展开说明，符合该语段的语义表达模式。实验组的语段（53a）抓住了这个特点，把“铃木一郎”作为中心话题，先说大家对他的态度，再说原因，思维清晰，连贯性强。而对照组语段（54a）显然不符合中文的表达习惯，话题“中国”太大，后边的小句“很大、文化丰富、各种各样的菜”之间没有逻辑关系，连贯性差。

语段 2 含有一个中心思想，需从三个不同的方面说明这个中心意思。课文中列举了三种不同的情景正是为了表达“左手和右手缺一不可”的意思。实验组的语段（53b）通过三种不同的情况下人们应该怎么做来说明“自食其力”的重要性，逻辑上说得通，语义上也是比较连贯的。而对照组语段（54b）列举的第三种情况“上课无聊时，学生常常没来上课”跟结论“他是个好老师”自相矛盾，逻辑上说不通，语义上也不连贯。

语段 3 的小句之间存在这样的逻辑关系：前三句说明这样做的好处，后两句跟前三句具备较为一致的因果逻辑关系，前面的句子所表述的信息应该为“于是”后的结论提供足够的依据。实验组的语段（53c）先说明这样学习汉语的好处，“于是”后的结论“他的学习方法就这样普及了”令人信服。而对照组的语段（54c）由于缺乏这样的逻辑关系，读后令人困惑，语言的交际功能也就无从谈起。

再看实验组与中国组的语段表现。

实验组和中国组在语段的流畅性和表达的准确性上也有一定的差距。比如语段 1，中国组语段（55a）读起来更顺畅，是因为后两句句首省略的都是“他”，而实验组语段（53a）的后两句前一句省略的是“他”，后一句省略的是“他的”。再比如语段 2，中国组语段（55b）先总后分，排比句读起来朗朗上口，意思表达得十分到位。而实验组（53b）先分后总，第三种情况跟结论相关性不大，缺少说服力。

总结来看，在逻辑关系方面，中国组语段逻辑清晰，内容较完整，中心突出；实验组语段逻辑比较清晰，能够抓住语段的中心，表达基本有条理，虽然有的地方结构不够整齐，略显松散，但是基本上辞能达意；对照组语段则显得缺乏逻辑性，有的语段甚至逻辑混乱，让人摸不着头脑，内容不够完整，中心不够突出，不能完全按照汉语的思维表达。从以上分析可以看出，语段的训练及教师的讲解梳理对语段的逻辑表达有明显的效果。在衔接连贯方面，由于此语段实验是在给出语段核心词的基础上进行的，三个实验组在关联词的使用上都有所表现，都使用了指定的关联词进行了句际衔接。但是，对照组可能由于逻辑不清晰，在语义上也显得前后不够连贯，表达突兀；实验组的语义基本连贯但不够流畅，关联词的使用基本合适但欠缺自然；中国组关联词、连接词等衔接方式使用比较得当，有密切的语义关系，连贯自然，一气呵成。可以看出，语段训练对提高留学生语段表达的衔接连贯能力起到重要的作用，但是这应该是一个较长的过程，经过短时间的训练还不能达到满意的效果，需要更长时间的练习和指导。因此我们认为，教师在课堂训练时应该提供更多的语境，从课文出发，不仅提供半开放的练习形式，还要设计开放性的练习，使学生真正掌握语段的正确表达并能灵活运用，逐步向母语者的水平靠拢。

5.4.2 留学生用词丰富性对语段表达的作用

关于用词丰富性与语言表达能力关系的研究，在英语教学界有过不少成果，如 Lu（2012）就指出，“词汇丰富性”是考察写作质量与词语使用关系的重要工具。Read（2000）则认为“词汇丰富性”框架中包括词汇多样性、词汇复杂性、词频概貌、词汇错误和词汇密度。同时，作者指出，词汇复杂性中的“复杂”词语又可称为罕见词语，是学习者使用的低频词或高级词。“复杂”是一个相对概念，一般根据学习者的语言水平来界定其范围（Laufer & Nation，1995）。Wolfe-Quintero 等（1998）则通过使用其中部分维度，测量学习者词汇知识的深度和广度，对其写作质量或词汇水平进行评定。

在汉语作为第二语言习得研究中，吴继峰（2016）做了英语母语者在汉语写作中的词汇丰富性研究，该研究使用 Read（2000）词汇丰富性框架中的部分维度，考察汉语二语者“词汇丰富性在写作中的发展变化特点及其与写作质量的关系”，并对两种词汇密度计算公式的有效性进行细致讨论。该研究较全面地呈现了英语学习者写作中的词语发展情况，认为词汇错误和词汇复杂性影响写作质量。

在如何界定复杂词汇研究中，黄立、钱旭菁（2003）的被试包括初级汉语学习者，研究者将复杂词汇范围划定为《大纲》中乙级（含乙级）以上词汇。王艺璇（2017）所用语料来自参加高水平汉语考试的学习者，故将复杂词汇的范围划定为丙级、丁级词及超纲词。该研究借鉴了 Read（2000）的研究思路，使用词和词种作为统计单位。在因素的设定上，分别测量复杂词及词种的绝对和相对数量，即通过测量复杂词数、复杂词比重、复杂词种数和复杂词种比重等 4 个因素，考察写作成绩与词汇复杂性的关系。结果显示，数量上，复杂词数和词种数均随着分数的增加而有较大幅度的增长，从低分组到中分组均有较大幅度的增长；从中分组到高分组也有一定幅度的增长。比重上，复杂词数、复杂词种数在总词数、总词种数中的比重均稳步增加，由于词数受到文本长度的影响，因此，比重可以更准确地反映作文成绩与词汇复杂性的关系。

在我们的实验研究中，不同组别被试的语段表达中也存在用词丰富性的差异，但并未反映在甲乙丙丁所有等级的词汇变化上，由于我们只关注初级水平留学生，因此体现出了一些与以往研究不同的特点。

第一，在甲级词汇（也就是简单词汇）的使用上，实验组和对照组留学生的使用量并没有出现显著差异，也就是说，二者都使用了大量的甲级词汇（从表7中可以看出，二者使用甲级词汇的比例均超过了70%），这可以从以下两个方面解释：首先，由于本研究的语段表达体裁为叙事体，在叙事体表达中，不可避免地会使用简单词汇进行铺垫、陈述，这可以从中国对照组中看出（中国人在编写这些语段时，使用的甲级词汇也超过了50%），也就是说，这种特殊的文体，决定了被试需要使用较大量的甲级词汇进行表达；其次，由于被试均处于初级阶段，无论在口语还是书面语的表达中，仍然习惯使用较为简单的词语，两组留学生都是刚刚完成初级（上）的学习，只掌握了1000词左右（根据《成功之路》系列教材前言的描述），也就是处于从甲级词汇向乙级、丙级过渡的阶段，因此仍会使用较多甲级词。

第二，在乙级和丙级词汇（也就是复杂词汇）的使用上，实验组和对照组留学生的使用量均出现了显著差异，这可以说明，我们的教学实验在促进学生使用复杂词汇方面取得了一定效果，实验组留学生在进行语段表达时，有使用更为复杂词汇表达的意愿，会尝试通过丰富自己的用词用语，来提高自己语段表达的水平，这也是我们本次教学实验的重点所在，因为在初级（下）的学习阶段，留学生主要接触的是乙级和部分丙级词汇，如果学生在本阶段的学习完成以后，仍然使用甲级词汇进行语段表达，未能充分使用新学词汇，那么说明学生的语段表达能力并没有本质的提高，也就没有达到教学的目的，因此，提高这两级词汇的使用量，对于发展学生的语段表达能力有着至关重要的作用。

第三，在丁级和超纲词汇的使用上，实验组和对照组留学生没有体现出用量上的差异，主要表现是二者用量都很少，明显少于中国组。这也可以解释，因为我们的教学对象毕竟是初级水平汉语学习者，他们在初级阶段学习完毕后，也只会接触很少的丁级或超纲词（当然不排除他们在与中国人接触时学到的部分超纲词，但毕竟是少数而且是随机学习的，可以排除在正规教学之外），而我们在实验班所增补的语段教学内容，并不是拔高性地扩大学生的词汇量，提前学习中级乃至高级词汇，而是在学生已有词汇水平的基础上，训练学生如何恰当地使用这些词汇进行表达，因此也无需提高丁级和超纲词汇的使用量，反观中国组被试，他们则会使用一些书面色彩很强，乃至古代汉语遗留的词语进行表达，看下面的例子：

（56）每当下雨天，虽已听过很多次，但少年时，只知追欢逐笑享受陶醉，想去看更远的世界；青年时，独自漂泊在偌大的北京，触景伤怀，如今听时，处境之萧索，心境之凄凉。

在这个语段中，作者使用了一些正式语体的词汇，如："虽""已""知"都是高级词汇，但实际上与其对应的"虽然""已经""知道"都是甲级词，这些书面色彩词汇的使用是中国组与留学生组的一种明显差别。一些超纲词汇，如"萧索""偌大""漂泊""心境""陶醉"等，也具有一定的文学色彩。四字格的使用也是中国组的一大特点，如"追欢逐笑""触景伤怀"等，另外，"之"也属于古汉语遗留词汇，这些显然已经超出了初级水平留学生的语言水平，也不是我们课堂教学和训练的目标。

5.5 小结

本章通过设计叙事体语段的教学实验及事后检测，发现：（1）经过语段教学和训练的留学生，语段表达的得分明显高于未经过语段教学的学生；（2）经过语段训练的学生在语段表达时所用的词汇总量明显多于未经相关训练的学生；（3）经过语段训练的学生在用词丰富性上明显强于未经相关训练的学生。在实验研究的基础上，我们建议，在初级阶段的课堂教学和教材编写中，应该更多考虑语段内容的教学和练习设置，这样做不仅符合初级水平留学生的实际需求，还可以促进他们在语段表达技巧方面的学习，并丰富其用词用语、遣词造句的手段。

第六章　语段教辅材料的编写与使用

本书从第三章开始，分别从教材中检索了初级汉语常见的语段框架，并通过第四章的教学设计与教案编写，讨论了如何在课堂上讲练这些语段框架，在第五章通过设计教学实验，证明了这种教学方法的可行性和有效性。本章就在这些论题的基础上，讨论如何结合初级汉语综合课程，编写相应的语段教辅材料、课堂练习手册，并结合教学实践，探讨如何使用这些教学材料，为教员提供教学参考建议。

6.1　教辅材料的编制

通过前文分析我们知道，对初级水平留学生来说，语段表达的训练并不是一蹴而就的，不能只给学生一些表达框架，然后任由他们自行造句或编制语段，这样一方面很难达到训练效果，另一方面也会让学生无所适从，学生面对一堆符号和关键词，很难想象出来如何编写一段符合语法和逻辑的语段，比如我们看下边两组提示词：

（57）……V-着……，……AA 的，……V-着……，一看就知道……。

（58）S1……，S2 才……。S2……，还……。S1……，……。这次，S2……，S1 才……。

这两组提示词里，需要填空的内容较多，且提示词都是 S1，S2，V，A 等语言学术语及减缩表达形式，学生很难根据这样的表述去造句或编制语段。因此，我们需要以课文为脚手架，在操练课文的基础上，给学生布置相关任务。我们可以先根据课文原文，让学生做填空练习，比如：

（59）一天，我下班________一个香蕉摊儿，摊儿前站着一个人，这个人________了我的目光。他的头发又________又________，脸________，手里拎着个________塑料袋子，一看就知道是________垃圾的。（答案：路过、吸引、脏、乱、黑黑的、破、捡）

（60）捡垃圾的从上衣口袋里________一把零钱准备付钱时，摊主才看了他

________。这一眼________让他有些意外。摊主把香蕉装进一个纸袋里________了过去，却把捡垃圾的人手里的零钱________了回去，还________他摆了摆手。捡垃圾的________了一下，把钱又一次递向了摊主。这次，摊主笑着摆了摆手，捡垃圾的才________走开。（答案：掏出、一眼、显然、递、推、向、犹豫、大步）

这样做至少有三重意义。首先，让学生复习本课的重要生词和表达方式，比如在段落（59）中，填空所用词语“路过、吸引、脏、乱、破”等，都是本课生词，通过在语段中填空，学生可以再一次使用这些生词，巩固学习效果。其次，让学生有一个范本可依。上边提到的两组语段提示词比较抽象，如果直接让学生写作，难度较大，但让学生在精读两段范文以后，则可以做到有本可依，甚至在不知如何写作的情况下，半模仿半创作，也能完成相关任务。最后，学生也可以学到跟语段有关的表达方法，比如段落（60），这个段落除了提示词给出的主语转换内容之外，还有连用的单音节动词，比如“掏、装、递、推、摆”等，这些动词都有很强的动作性，连用时，更是能体现出这些连贯动作的画面感。

6.2　语段教辅材料示例与使用说明

上文讨论了如何编制初级汉语的语段教辅材料，下边我们结合一篇课文，讨论如何结合课文使用语段教辅材料。我们以《成功之路·进步篇1》第6课《左手握右手》为例。先看下边的语段教辅材料。

第六课　左手握右手

一、请根据课文内容填空：

1. 一天，小芳去参加朋友们的（____ ____）。吃饭的时候，大家谈起夫妻之间的（____ ____）问题。有人开玩笑说：“握着老婆的手，就像左手握右手，一点儿（____ ____）也没有。”听了这句话，大家都（____ ____）大笑，只有小芳没有笑。男人们说，这是（____ ____ ____ ____）的。可是小芳认真地说：**“左手握右手，虽然不会让你的心（____ ____），但天冷时，你会不自觉地把左手和右手握在一起（____ ____）；拿重的东西时，左手累了，你会（____ ____）右手上；受伤时，一只手不能做事情了，会很自然地换到（____）一只手上**……左手和右手（____ ____ ____ ____）！如果丈夫是左手，妻子就是右手，互相（____ ____），互相（____ ____），不能分离。”

2. **有人说，爱情的（____ ____ ____）只有十八个月，在这段时间里，从认识到（____ ____）、结婚、生孩子，然后，爱情就（____ ____）了。但是小芳的看法不一样，她认为要是“左手”和“右手”能一直（____ ____）地握在一起，就可以让爱情（____ ____）（____ ____）。**

二、用下列结构写一段话：

1. ……。……时，……；……时，……；……时，……。
2. 有人说，……。但是我的看法不一样，我认为要是……，就……。

第一大题是根据课文内容填空，这个题目对于学生来说并不困难，我们选取的语段都是课文的原文，只是去掉了其中的一些重点词语，由学生来填写补充。在开始训练的时候，如果学生觉得填写困难较大，特别是在不看教材的情况下，这时教师可以提供所填字数的参考，比如此处需要一个双字词，则给两个空格，然后将这个词用括号括起来，这样学生可以结合本课所学生词，回忆需填内容，特别是涉及一些成语时，如果提示学生此处需要填写四个字，那么学生很容易联想到相关的成语，降低练习难度。如果后期学生已经基本掌握了这种练习方式，也可以直接提供空格，不再提示字数。

另外，在第一大题中，部分语段使用黑体字标出，这些黑体部分是在第二大题中需要参考的内容，也就是说，在学生做填空练习时，教师已经通过黑体加粗的方式，提示学生注意相关语段，在编写第二大题的语段时，可以适当参考或模仿相关的语段内容，降低练习难度。

《成功之路·进步篇》第一、二册共有 24 课，我们为每课都配备了类似练习，题量、难度尽量保持一致，所有参考内容详见本书附录 2。当然，我们只是结合《成功之路》初级阶段教材设计了相关练习，其他初级阶段综合课教材同样可以参考这种方法，编制类似的练习材料。

6.3　语段教辅材料的使用效果与实例分析

下边我们就结合学生在课堂上产出的语段实例，来分析这种教辅材料的使用效果。先看第一组语段。

语段提示词：……V－着……，……AA 的，……V－着……，一看就知道……。

语段原文：一天，我下班路过一个香蕉摊儿，摊儿前站着一个人，这个人吸引了我的目光。他的头发又脏又乱，脸黑黑的，手里拎着个破塑料袋子，一看就知道是捡垃圾的。

（61）学生1：一天，我下班路过一个小卖部，前面站着一个人，这个人吸引了我的目光。他一直盯着周围的行人背包，脸黑黑的，手里拿着手机，一看就知道他不是什么好人。

这位学生直接模仿语段原文的内容，也以“一天，我下班路过+地方”开头，这样就给写作降低了难度。语段后边一部分内容，也有模仿原文的意味，脸色也是“黑黑的”，原文是“一看就知道是捡垃圾的”，他改成了“一看就知道不是什么好人”，内容与原文相关。这名学生虽然有借鉴原文之处，但总体来说语段内容连贯、表义清晰，基本达到了初级水平语段表达的标准。

（62）学生2：路上有个人推着行李车，她穿的衣服又漂亮又干净，头发红红的，手里拿着白色的手机，一看就知道是外国人。

（63）学生3：酒吧里的椅子旁站着一个女人，这个女人吸引了我。她的衣服很漂亮，眼睛大大的，手里拿着一瓶酒，一看就知道她没有男朋友。

以上两名学生写的语段，内容充实，而且符合逻辑性，学生2的语段中，通过“推着行李车”“头发红红的”等线索，可以推断出这个人是一个外国人；学生3的语段中，通过“酒吧椅子旁站着一个女人”“衣服很漂亮”“手里拿着一瓶酒”等，可以大致推断出她还没有男朋友。以上两个语段在结构上符合要求，内容符合逻辑，词汇语法使用得当，基本上已经能通过这种教学手段完成写作任务。

（64）学生4：他在床上躺着，眼睛红红的，喝着热水，一看就知道他病了。

（65）学生5：他盯着我看，样子呆呆的，还流着口水，一看就知道他喜欢我。

以上两位学生写的语段比较简短，不超过30个字，每个小句都使用了语段的提示词，用词、语法基本准确，内容也符合逻辑，比如学生4的语段中，“在床上躺着”“眼睛红红的”“喝着热水”都是“他病了”的典型特征；学生5的语段中，“盯着我看”“眼睛呆呆的”甚至“流着口水”，都是“他很喜欢我”的典型表现，当然学生可能也有开玩笑的想法，那个人不会真的“流着口水”，只是一种夸张的表现手法。总体来说，这两位学生的表达短小精悍，但也符合句法、语义、逻辑等基本要求。

（66）学生6：教室外边站着一个老人，他的头发白白的，手里拿着一张报纸，一看就知道不是老师。

（67）学生7：商店前站着一个人，胖胖的，手里拎着很多纸袋子，一看就知道是富人。

这两位学生写作的语段，看起来也符合提示词的要求，比如都有“处所+V+着+人”，“AA的”，“处所+V+着+东西”，最后是“一看就知道……”表示推断出来的结论，用词、语法也正确，但如果进一步去观察，发现他们的逻辑出现了问题，学生6的语段中，“一位老人”、“头发白白的”、“拿着一张报纸”，从这些信息，我们很难推断这个人“一定不是老师”，老师也很有可能在课间的时候，拿着报纸看一下，而且一头白发也并不与“老师”这种职业相矛盾；学生7的语段中，一个人站在商店前，“胖胖的”、“手里拎着很多纸袋子”，通过这些信息，很难判定这个人一定是“富人”，逻辑上说不通。因此对于这两位学生，教师应该提醒他们，虽然词汇、语法都正确，但所表达的内容在逻辑上讲不通，因此应该适当修改。

（68）学生8：巧克力店前站着一个年轻人，头发鲜亮的，穿着一条牛仔裤，一看就知道是玛丽。

（69）学生9：小卖部的旁边站着一个人，这个人吸引了我的目光。他穿着很漂亮的衣服，手里拿着一束花，一看就知道在等女朋友。

这两位学生都没有使用部分语段提示词，比如“AA的”这种表示描写的方式，而且学生8的语法、逻辑均存在问题，比如“头发鲜亮的”这个不符合汉语的语法结构，需要修改，另外，“头发鲜亮、穿着一条牛仔裤”也很难推断出一定是玛丽（除非玛丽是她很好的朋友，但也缺少上下文的交代），因此教师面对这样的语段，就要在语法和内容上均进行修改，才可以帮助学生完善语段内容，学会正确的语段表达手法。

再看第二个语段。

语段提示词：S1……，S2才……。S2……，还……。S1……，……。这次，S2……，S1才……。

语段原文：捡垃圾的从上衣口袋里掏出一把零钱准备付钱时，摊主才看了他一眼。这一眼显然让他有些意外。摊主把香蕉装进一个纸袋里递了过去，却把捡垃圾的人手里的零钱推了回去，还向他摆了摆手。捡垃圾的犹豫了一下，把钱又一次递向了摊主。这次，摊主笑着摆了摆手，捡垃圾的才大步走开。

这个语段对学生来说有一定难度，首先语段长度较长，而且主语转换较多，需要学生有一定的句法和逻辑能力才能完成。先看第一位学生的写作。

（70）学生1：买单的时候他多给了一百块，服务员才看了他一眼，把一百块钱推了回去，他说“这是你的啊!”服务员犹豫了一下，把钱又一次还给他。这次，服务员笑着说：“我们这里没有收小费的习惯”他才收回钱。

这位学生写作的语段基本上模仿了课文中的例句，所使用的话题仍然是“付钱”，只是把场景从“水果摊儿”换成了“饭店”，把交际对象从“水果摊儿摊主”换成了“饭店服务员”，从这个角度来说，这位学生模仿的痕迹较重，但是整个语段也没有什么明显错误，因此可以说，这位学生基本掌握了该语段的结构和意义，只是在使用上还未能达到自由运用的程度。

(71) 学生2：我身体不舒服，两天没上课，不明白课文。他看我慌张，就把他的书给我看，还问我身体好不好。我很不好意思，把他的书给他。这次他笑着再给我书，我才明白他的心意。

(72) 学生3：我正在沙发上坐着看电视，爸爸下了班才回家。爸爸的手里拎着一个漂亮的纸袋子，我觉得那是什么甜食。这次，爸爸说今天是特别的日子。我才意识到今天是我的生日。

这两位学生撰写的语段具有原创性，跟课文中的例子相比，都更换了表达主题和内容，语句连贯，逻辑性较强，只是其中有一些小的语法错误，教师稍加更正即可。

(73) 学生4：安妮是一个不认真的学生，上课的时候想别的事。昨天上课，她跟美美说话，王老师才看了她们一眼。王老师却继续讲解他的PPT。突然安妮和美美大声地发笑，她们可能在开玩笑。全班向她们看去，这次王老师生气了，她们轻轻地打开书低着头安静地看书。

(74) 学生5：去饭馆时，服务员给我们一个菜单，我们犹豫了一下才点菜。我们点了北京烤鸭和猪肉饺子。服务员告诉我们点的菜有北京特色，她送来了我们的菜。这次，我们说我们改主意了，去别的饭馆，她很生气。

这两位学生虽然也用了语段中的提示词，但在逻辑上出现了一些问题，特别是在主语转换的时候，比如学生4的最后一句，“全班向她们看去，这次王老师生气了，她们轻轻地打开书低着头安静地看书”，主语在“全班同学”、“王老师”、“她们（安妮和美美）”之间的切换非常生硬，不符合语段表达的规范，没有完全掌握汉语语段中主语切换的规则和方法。学生5的最后一句“这次，我们说我们改主意了，去别的饭馆，她很生气”去前句关联不大，转换过于生硬。

6.4 小结

本章从初级汉语语段教辅材料的编制到使用，均结合实例进行了分析，并结合留学生在课堂上的实际表现，讨论了这种语段教辅材料的使用方法和注意事项。值得注意的是，学生在初步接受这种训练时，有可能出现参差不齐的现象，正如本章第三节所示，有的学生已经很好地掌握了与课程相关的语段表达结构，并能自选话题，自如地进行语段表达；有的学生则只能简单模仿课文中的范例，将已有语段稍微加以改造，然后照猫画虎撰写一个语段，这些学生可能已经初步掌握了该语段结构的意义，但尚不能自由运用；有的学生则在语段表达中出现逻辑混乱，结构错误，以及遣词造句的相关问题，甚至有的学生不能完整地编写出相关语段，这就要求教师根据学生实际水平，调整教学目标和要求，制定适合学生实际水平的语段写作任务，保证学生有能力完成。在学生撰写过后，教师也应该积极反馈，通过反复修正学生的语段产出内容，切实提高学生的语段表达水平。

第七章　结语

7.1　本研究所取得的主要成果

通过本书的讨论，相信我们已经认识到了汉语语段的理论探索与教学研究的诸多意义。前文已经提到，传统的初级阶段汉语教学多强调词、词组、句子等层面的学习，到了高级阶段，又开始让学生进行话语、篇章的表达，实际上，这中间缺少了一个必经阶段——语段教学。本书通过分析教学中的实例，清晰地看到了目前语段教学存在的问题，并从以下几个方面探讨了初级阶段语段教学的实践方案和相关的研究思路。

首先，本书确立初级汉语语段的基本框架。我们以初级汉语（下）的教材为例，根据课文内容及相关的词汇、语法知识，找到了相应的语段表达框架，制定了语段训练方案。在语段表达框架中，我们根据课文特点和表述的需要，先将语段框架分为叙事体和论说体两种，然后在每个类型下，再按照表达功能细分，并在课文中找出相关的语段表达与之对应。我们希望这样的探索，能为汉语教师提供相应的讲练思路，为初级阶段的语段教学提供参考和借鉴。

其次，本书制定了适合初级汉语语段教学的方案与步骤。在初级阶段的汉语教学中，很多关于教学设计、教案编写的研究都是基于词汇、语法、课文等教学内容的，很少有基于语段的教学设计研究。本书选取了七个有代表性的语段表达框架，分别从“问题导入——师生提问——口语训练——替换练习——讲解归纳——随堂练习——课后作业”等七个步骤，详细展示了如何进行语段教学，这套方案可供教师在课堂教学中直接使用，或根据不同的教学目标、教学安排合理使用。

再次，本书作者把理论与教学结合起来，初步证实了初级汉语语段教学的可行性和有效性。我们所制定的语段教学方案与步骤，需要教师在课堂上拿出宝贵时间去执行，可能有的教师会担心，这种语段表达训练能否切实提高学生的成段表达水平，当然这也是我们所关注的重要问题。经过历时一学期的教学实验，并对照传统初级汉语教学班的教学效果，我们发现实验班的学生确实在成段表达方面有了一定程度的进步，在用词的丰富性、句法的复杂性、表达的得体性、逻辑的连贯性等方面都有了不同程度的提高。因此，我们有信心推广这种教学方法，并将此类研究深入下去。

最后，本书讨论了如何结合初级阶段汉语教材，编写相应的语段教辅材料、课堂练习手册等。本书的教学研究都以《成功之路》系列教材为例，在不同的教学机构、教学环境下，教师所选用的教材千差万别，我们不可能为每一部教材都穷尽式地列出所有语段表达框架供教学使用，为此，我们将本书的研究思路和教学设计进行了归纳总结，为使用其他教材的教师提供了语段教学的思路和方法，希望能为他们的教学和研究工作提供参考和借鉴。

7.2　对语段和语段教学工作的展望

在汉语语段和语段教学的研究方面，虽然前贤们筚路蓝缕，以启山林，却也留下了许多研究空白。我们如果能从现在开始，着手对汉语语段和语段教学方面开展深入细致的研究，不久的将来必定会硕果累累。

我们认为，汉语语段和语段教学未来的研究，可以从如下几个方面展开：

第一，关于语段的理论研究方面，不同语体、不同文体的语段表达框架很可能存在非常大的差异，这也需要分门别类地详细观察、描写和分析，才能发现它们的基本特征。自从刘月华（1998）提出“在不同的语体中，句子连成段落的连接成分与连接方式等等都有所不同（比如在非对话体中‘叙述体’‘描写体’‘说明体’‘议论体’等也有所不同），研究时要区分语体”的观点后，就鲜有针对不同语体的语段教学研究了。

常见的文体至少包括记叙文、新闻、说明文、科技论文、政论文、文艺文等多种类型（Mcenery & Xiao，2004），每一种文体都有着非常鲜明的语段表达特点，试以记叙文、议论文和说明文为例（以下三例转引自冯胜利、王永娜，2017）：

叙事体框架：看见……戴着……穿着……走到……探身下去……穿过……爬上……攀着……缩……倾……努力……看见……流下来。

原文：我看见他戴着黑布小帽，穿着黑布大马褂，深青布棉袍，蹒跚地走到铁道边，慢慢探身下去，尚不大难。可是他穿过铁道，要爬上那边月台，就不容易了。他用两手攀着上面，两脚再向上缩；他肥胖的身子向左微倾，显出努力的样子，这时我看见他的背影，我的泪很快地流下来了。（朱自清《背影》）

在这个叙事体表达框架中，我们清晰地看到了“单音节动词链”，这些明显的口语体动词行为的连用，不仅是表达训练的关键词，更是理解作者表达的关键点。

论说体框架：可见，任何……都……，古今中外，概莫能外。这说明，即使……，只要……，同样也是可以弃……为……，变……为……的。实践证明，……是……。一个……的……，关键在于……。

原文：可见，任何一项成就的取得，都是与勤奋分不开的，古今中外，概莫能外。……这说明，即使有些天资比较差、反映比较迟钝的人，只要有勤奋好学的精神，同样也是可以弃拙为巧，变拙为灵的。……实践证明，勤奋是点燃智慧的火把。一个人的知识多寡，关键在于勤奋的程度如何。（林家箴《说“勤”》）

这种议论文的逻辑表达关系，说服别人的语言表达方式，是论说体语段表达方式非常典型的代表。

说明体框架：……上的……，……于公元……到……年间。……长……米，由……个……组成，每……长度……，自……米到……米。……宽约……米，路……，……与……平行。

原文：永定河上的卢沟桥，修建于公元 1189 到 1192 年间。桥长 265 米，由 11 个半圆形的石拱组成，每个石拱长度不一，自 16 米到 21.6 米。桥宽约 8 米，路面平坦，几乎与河面平行。（茅以升《中国石拱桥》）

这种关注于所介绍的对象的“直叙体”表达方式，是说明文的典型特征，这种语段框架也广泛应用于各类说明文中。

以上只是举例说明了不同文体语段表达框架的特点与差异，在汉语的语段教学中，每一种文体包含了多少个语段基本表达框架，它们又分别对应于哪个教学阶段，适用什么样的教学方法，都是现阶段尚未解决的问题。

第二，在不同课型中，如何体现语段教学的内容与特点，也是未来研究需要关注的问题。通过前文的文献回顾，我们发现在不同层次、不同课型中，都有一些关于语段教学的研究，但这些研究缺乏系统性。在初级阶段的汉语教学中，如何在综合课、听说读写技能课中协调统一，全面推进语段的理解与产出教学，这都缺乏系统研究。本书所做的讨论与研究也多是基于初级汉语综合课展开的，在听说课、读写课中，同样需要注意语段方面的教学。比如，在初级汉语听说课中，我们曾有这样的口语表达任务：“你们国家的人怎么吃饭？你喜欢分餐制还是共餐制？为什么？”（参见《成功之路·进步篇·听和说》第一册第 14 课）学生如果想较好地回答这个问题，既需要叙事体的语段表达框架（回答第一个问题），也需要论说体的语段表达框架（回答第二个问题），如果教师不在教学中操练这些语段表达手段，那么学生很难在短时间内完整地回答出这些问题，而如果教师在处理听力材料时，就抓住听力材料中“首先……，接着……，最后……”“既然……，就……”“……不只是……，更重要的是……”等具有衔接连贯功能的关联词语、短语，先让学生掌握这些表达方式，再进行口语表达则会产生事半功倍的效果。在读写课中亦是如此。我们以《成功之路·进步篇·读和写》第一册第一课的教学内容为例，这一课的三篇课文都是围绕“我”来中国以前、来中国以后的学习生活展开，并畅想了学中文以后会做什么。这一内容决定了这些课文都会围绕“时间序列”展开，在课文中也出现了“来中国以前，……。最近，……。将来，我想……。”“我 10 岁的时候，……。那时，……。一个月后，……。到现在，……。”“我……，可是几天过去了，……。一个星期过去了，……。”这样的语段表达框架，然而在本课的写作训练中，却几乎完全没有体现相应的教学内容，该课的写作任务为：

回答下列问题（有的问题请用上括号内的词语），然后把答案写下来。

1. 你是什么时候来中国的？你是什么时候开始学习汉语的？（是……的）

2. 你为什么学习汉语？（丰富、希望、对……感兴趣）

3. 你去过中国或者别的国家的哪些名胜古迹？你最喜欢哪个地方？为什么？

4. 你有中国朋友吗？如果有，他是怎么帮助你学习汉语的？

纵观这些问题，除了第一个问题中“是……的”句，可能使用时间表达以外，其余三个问题都没有体现本课的语段表达框架，这样一来，阅读和写作教学中，语段表达框架的训练就被割裂，难以达到学以致用的目的。

综上所述，如何在初级汉语综合课、听说课、读写课等多种课型中，将语段教学贯穿始终，是未来的一个重要研究方向。

第三，语段教学的可行性、有效性需要更多教学实验的支撑。不同层级、不同课型都应该有相应的教学方法，教师需要在教学实践中探索教学方案、编写教学材料，制定最优化的教学设计。然而像这种立足于课堂教学的研究在前人文献中所见不多，如何证明这些方法的有效性，就需要设计多种模式的教学实验。我们在 2018 年曾在初级汉语（下）的综合课中，用两个教学班进行了为期一学期的教学实验，初步证实了语段教学确实能帮助留学生提高成段表达能力。但是这些教学实验持续时间较短（只有一学期），被试样本数量也较少（每个班只有 15

人左右)，另外，我们也只选用了北京语言大学汉语进修学院的部分师生参与实验，所用教材也局限于《成功之路》系列。这些方法在其他课型、其他教材、其他教学机构中是否也切实可用，在不同教学环境、不同学习需求、不同年龄层次、不同教学机构的汉语教学中是否适用，或需要进行哪些方面的改进，也是现有研究尚未探讨的内容，我们作为一个开放性的课题提出来，希望有更多的同仁跟我们一起思考和研究，使语段教学真正落实到初级汉语阶段的课堂中，切实提高外国留学生的语段表达能力。

参考文献

安福勇：不同水平 CSL 学习者作文流畅性、句法复杂度和准确性分析，《语言教学与研究》，2015 年第 3 期。

曹秀玲：韩国留学生汉语语篇指称现象考察，《世界汉语教学》，2000 年第 4 期。

陈晨：英语国家中高级汉语水平学生篇章偏误考察，中国对外汉语教学学会《中国对外汉语教学学会第七次学术讨论会论文选》，北京：北京大学出版社，2002 年。

陈晨：对留学生篇章偏误考察的思考，《海外华文教育》，2004 年第 1 期。

陈晨 a：英语国家学生学习汉语在篇章连贯方面的常见偏误，《四川大学学报（哲学社会科学版）》，2005 年第 3 期。

陈晨 b：英语国家学生中高级汉语篇章偏误成因探析，《海外华文教育》，2005 年第 3 期。

陈晨 c：英语国家学生中高级汉语篇章衔接考察，《汉语学习》，2005 年第 1 期。

陈晨：近十年对外国学生习得汉语篇章的研究述评，《海外华文教育》，2006 年第 4 期。

陈晨：培养成段表达能力韵交际任务型初级口语教学模式初探，《海外华文教育》，2007 年第 2 期。

陈晨：对外汉语语篇教学研究：回眸与思考，《海外华文教育》，2008 年第 2 期。

陈晨：语篇理论与汉语作为外语教学的接口，北京语言大学对外汉语研究中心、厦门大学中文系、厦门大学国家语言资源监测与研究中心教育教材语言分中心“国际汉语教学理念与模式创新”国际学术研讨会（第七届对外汉语教学国际研讨会）论文摘要集，北京语言大学对外汉语研究中心、厦门大学中文系、厦门大学国家语言资源监测与研究中心教育教材语言分中心：福建省语言学会，2010 年。

陈福宝：对外汉语语段写作训练简论，《汉语学习》，1998 年第 6 期。

陈宏：留学生高级汉语综合课语段教学探析，《经济与社会发展》，2004 年第 9 期。

陈平：汉语零形回指的话语分析，《中国语文》，1987 年第 5 期。

丁险峰：试论“简直+……”结构的句法、语义、语用，《语言文字应用》，2002 年第 4 期。

丁险峰：试论学业成绩与 HSK 成绩的关系，《海外华文教育》，2004 年第 1 期。

丁险峰：浅析“为难”与“难为”，《海外华文教育》，2009 年第 4 期。

丁险峰、骆健飞、李婷 a：初级汉语叙事体语段的框架探索，《海外华文教育》，2017 年第 12 期。
丁险峰、骆健飞、李婷 b：初级汉语叙事体语段框架及课堂训练案例，北京语言大学汉语进修学院第 14 届科研报告会论文，2017 年。
方梅：篇章语法与汉语篇章语法研究，《中国社会科学》，2005 年第 6 期。
方梅：《浮现语法：基于汉语口语和书面语的研究》，北京：商务印书馆，2018 年。
方梅：《汉语篇章语法研究》，北京：社会科学文献出版社，2019 年。
房玉清：《实用汉语语法》，北京：北京语言学院出版社，1992 年。
冯胜利：论汉语书面正式语体的特征与教学，《世界汉语教学》，2006 年第 4 期。
冯胜利：汉语教学中的语法与操练，《汉语国际传播研究》，2014 年第 2 期。
冯胜利、王永娜：语体标注对语体语法和叙事、论说体的考察与发现，北京语言大学对外汉语研究中心编《汉语应用语言学研究》第 6 辑，北京：商务印书馆，2017 年。
高理贤：在泰汉语学习者汉语口语成段表达能力训练研究，广西大学硕士学位论文，2017 年。
高宁慧：留学生的代词偏误与代词在篇章中的使用原则，《世界汉语教学》，1996 年第 2 期。
郭继懋：“于是”和“所以”的异同，《汉语学报》，2006 年第 4 期。
郭利霞：20 世纪 80 年代以来对外汉语语段教学研究综述，《华北电力大学学报（社会科学版）》，2009 年第 6 期。
何立荣：浅析留学生汉语写作中的篇章失误，《汉语学习》，1999 年第 1 期。
胡壮麟：《语篇的衔接连贯》，上海：上海外语教育出版社，1994 年。
黄立、钱旭菁：第二语言汉语学习者的生成性词汇知识考察，《汉语学习》，2003 年第 1 期。
黄玉花：韩国留学生的篇章偏误分析，《中央民族大学学报》，2015 年第 5 期。
霍静宇：日本学生初级汉语叙事体语篇衔接手段问题研究，中央民族大学硕士学位论文，2004 年。
李宝贵：跨文化负迁移原因分析及解决对策，《教育科学》，1999 年第 1 期。
李倩：中级阶段对外汉语综合教材语段表达练习题设置研究，北京语言大学硕士学位论文，2007 年。
李清华：外国留学生中级阶段的写作课教学，《语言教学与研究》，1986 年第 1 期。

李守田、佟士凡 a：试谈现代汉语语段，《汉语学习》，1980 年第 3 期。

李守田、佟士凡 b：试谈现代汉语语段的常见类型，《汉语学习》，1980 年第 4 期。

李守田、佟士凡 c：语段教学浅谈，《汉语学习》，1980 年第 6 期。

李炜东、胡秀梅：中级汉语学生的语篇衔接偏误分析，《语言文字应用》，2006 年第 4 期。

李小丽：初级阶段口语教学应重视成段表达能力的训练，《语言文字应用》，2001 年第 3 期。

李燕：任务型教学法与对外汉语初级口语教学，《云南师范大学学报》，2006 年第 3 期。

李玉敬、孙瑞珍：试谈高年级文选课教学的原则和方法，《语言教学与研究》，1980 年第 4 期。

李卓：主题式教学模式在培养汉语口语成段表达能力中的作用，西安外国语大学硕士学位论文，2017 年。

梁贞爱：对外汉语中级口语教材的成段表达练习题考察，北京语言文化大学硕士学位论文，2002 年。

廖秋忠：现代汉语篇章中的连接成分，《中国语文》，1986 年第 6 期。

廖秋忠：篇章与语用和句法研究，《语言教学与研究》，1991 年第 4 期。

廖秋忠：《廖秋忠文集》，北京：北京语言学院出版社，1992 年。

刘俊玲：留学生作文中的篇章偏误类型，《语言文字应用》，2005 年第 3 期。

刘乐宁：文体、风格与语篇连接，冯胜利、胡文泽编《对外汉语书面语教学与研究的最新进展》（哈佛大学高年级对外汉语教学研讨会论文集），北京：北京语言大学出版社，2005 年。

刘镰力：在短文教学中必须重视语言的实践性，《语言教学与研究》，1980 年第 3 期。

刘琳：中级水平韩国留学生汉语语段学习策略研究，北京语言大学硕士学位论文，2007 年。

刘月华：关于叙述体的篇章教学——怎样教学生把句子连成段落，《世界汉语教学》，1998 年第 1 期。

鲁健骥主编：《初级汉语精读课本》，北京：北京语言大学出版社，2008 年。

陆俭明：关于汉语虚词教学，《语言教学与研究》，1980 年第 4 期。

罗青松：谈对外汉语初级口语课堂教学的交际性，《中国人民大学学报》，1996

年第 5 期。

罗青松：对外汉语写作教学研究述评，《语言教学与研究》，2011 年第 3 期。

骆健飞：美国中高级汉语第二语言学习者汉语篇章指称的习得研究，北京语言大学硕士学位论文，2009 年。

骆健飞：中高年级留学生韵律偏误分析及教学策略——以书面语写作为例，《云南师范大学学报（对外汉语教学与研究版）》，2014 年第 5 期。

骆健飞：韵律、语体、语法：汉语动词辨析及教学的新视角，《云南师范大学学报（对外汉语教学与研究版）》，2015 年第 1 期。

骆健飞：中高年级留学生书面语写作偏误分析及教学研究，张旺喜主编《面向一流国际人才培养的理论与实践创新（2018 卷）》，北京：北京语言大学出版社，2018 年。

骆健飞：国际汉语在线课程的设计与制作，《国际汉语教育（中英文）》，2019 年第 4 期。

骆健飞、陈莹、丁险峰：初中级留学生文化微课程的建设研究，张旺喜主编《2019 卷北京语言大学教学研究论文集》，北京：北京语言大学出版社，待刊。

骆健飞、丁险峰、李婷：初级水平留学生叙事体语段的教学实验研究，《华文教学与研究》，2018 年第 4 期。

骆健飞、丁险峰、李婷：初级留学生语段表达的训练与教学设计，《国际汉语研究》，2019 年。

骆健飞、胡丛欢 a：商务汉语信函的语体研究，邓如冰主编《中文前沿》，北京：对外经济贸易大学出版社，2016 年。

骆健飞、胡丛欢 b：案例教学在国际汉语教师培养中的实践与应用，王瑞烽、邢红兵、彭志平主编《汉语进修教育理论与实践》，北京：中国书籍出版社，2016 年。

骆健飞、李果：基于分布式形态学的汉语领属结构研究，《语言科学》，2019 年第 6 期。

骆健飞、牟世荣：汉语语段的特点与语段教学研究，第六届汉语特征与汉语教学国际研讨会论文，2019 年。

吕必松：《华语教学新探》，北京：北京语言大学出版社，2012 年。

吕文华：语段教学内容的选择和分布，《语言教学与研究》，2012 年第 1 期。

马燕华：中级汉语水平日本留学生汉语语段衔接调查分析，《语言文字应用》，2001 年第 4 期。

牟世荣：《成功之路 · 进步篇 1》，北京：北京语言大学出版社，2008 年。

牟世荣 a：试论初级汉语教学阶段虚词的例句设计，《国际汉语学报》，2013 年第 4 期。

牟世荣 b：外国留学生“反而”使用情况考察及教学策略，《汉语学习》，2013 年第 1 期。

牟世荣：副词“倒”的语义语用探析及对外汉语教学策略，《汉语学习》，2014 年第 6 期。

牟世荣：浅谈留学生初级汉语写作能力的培养，张旺喜主编《2019 卷北京语言大学教学研究论文集》，北京：北京语言大学出版社，待刊。

穆雅丽、骆健飞：留学生汉语语体意识的习得研究——以商务汉语书面表达为例，《世界华文教学》，2018 年第 1 期。

潘海峰：试论留学生写作教学的阶段性，《文教资料》，2011 年第 15 期。

彭岚：通过课堂提问培养学生成段表达能力的中级阶段语段教学模式初探，北京语言大学硕士学位论文，2007。

彭小川：对外汉语语法课语段教学刍议，《语言文字应用》，1999 年第 3 期。

彭小川：关于对外汉语语篇教学的新思考，《汉语学习》，2004 年第 2 期。

齐燕荣：话语分析理论与语段听力教学，《语言教学与研究》，1996 年第 4 期。

屈承熹：《汉语篇章语法》，北京：北京语言大学出版社，2006 年。

屈承熹：汉语篇章语法：理论与方法，《对外汉语研究》，2009 年第 1 期。

屈承熹：汉语篇章句及其灵活性——从话题链说起，《当代修辞学》，2018 年第 2 期。

屈承熹：《汉语功能篇章语法》（修订版），北京：商务印书馆，2019。

沈红丹、牟世荣：“简直”和“几乎”的表达功能，《国际汉语学报》，2016 年第 1 期。

孙坤：汉语话题链范畴、结构与篇章功能，《语言教学与研究》，2015 年第 5 期。

孙瑞珍：《中高级对外汉语教学等级大纲》，北京：北京大学出版社，1995。

涛亚：对外汉语语段教学的重点——衔接，《首都师范大学学报（社会科学版）》，2000 年第 3 期。

涛亚：口语课教学中的三种语段形式，《首都外语论坛》，2010 年第 1 期。

陶红印：试论语体分类的语法学意义，《当代语言学》，1999 年第 3 期。

田然：外国学生在中高级阶段口语语段表达现象分析，《汉语学习》1997 年第 6 期。

田然：现代汉语叙事语篇中 NP 的省略，《汉语学习》，2003 年第 6 期。
田然 a：论词语的组织方式与语篇难度及词语教学，《云南师范大学学报》，2004 年第 4 期。
田然 b：叙事语篇中 NP 省略的语篇条件与难度级差，《语言教学与研究》，2004 年第 2 期。
田然 a：近二十年汉语语篇研究述评，《汉语学习》，2005 年第 1 期。
田然 b：留学生语篇中 NP 省略习得顺序与偏误，《云南师范大学学报》，2005 年第 1 期。
田然 a：留学生限定话题语篇中词汇衔接状况考察，《云南师范大学学报》，2006 年第 1 期。
田然 b：叙事语篇中 NP 省略的研究意义，《云南师范大学学报》，2006 年第 6 期。
田然：近十五年对外汉语中高级阅读教材编写理念评析，《云南师范大学学报（对外汉语教学与研究版）》，2008 年第 4 期。
田然：语篇对句法的制约探究，《云南师范大学学报（对外汉语教学与研究版）》，2010 年第 4 期。
田然：语篇对状中/述补结构选用的制约，《云南师范大学学报（对外汉语教学与研究版）》，2012 年第 2 期。
田然：《对外汉语教学语篇语法》，北京：北京语言大学出版社，2013 年。
田然："对外汉语语篇语法"研究框架的探索，《宁夏大学学报（人文社会科学版）》，2014 年第 1 期。
田然：叙事语篇难度级差及其参数关联，《汉语学习》，2016 年第 6 期。
田然：设景机制与语篇难度级差之关联，《语言与翻译》，2017 年第 1 期。
田然：基于语篇的"你好吗""你好"对比研究，《国际汉语教学研究》，2018 年第 4 期。
田小琳：《句群和句群教学论文集》，天津：新蕾出版社，1986 年。
王晨：结合关联词语教学教授逻辑语义衔接，《职业圈》，2007 年第 18 期。
王淳：对留学生中级口语成段表达能力进行的教学探究，西安外国语大学硕士学位论文，2017 年。
王瑞烽：《成功之路·进步篇·读和写 1》，北京：北京语言大学出版社，2008 年。
王一平、许国萍：初级写作教学的思考和实践，《海外华文教育》，2002 年第

1 期。
王艺璇：HSK 作文成绩与句子长度、复杂度及语法错误的相关性，《汉语应用语言学研究》，2015 年第 4 期。
王艺璇：汉语二语者词汇丰富性与写作成绩的相关性——兼论测量写作质量的多元线性回归模型及方程，《语言文字应用》，2017 年第 2 期。
王珍：浅谈汉语中高级阶段的语段、语篇教学，《新疆教育学院学报》，2004 年第 2 期。
吴继峰：英语母语者汉语写作中的词汇丰富性发展研究，《世界汉语教学》，2016 年第 1 期。
谢菁：高级口语讨论课留学生语段表达研究，陕西师范大学硕士学位论文，2013 年。
闫慧：基于行动研究法的对外汉语初级口语语段教学研究，西北师范大学硕士学位论文，2015 年。
杨春：英语国家学生初级汉语语篇照应偏误考察，《汉语学习》，2004 年第 3 期。
杨寄洲主编：《汉语教程》，北京：北京语言大学出版社，1999 年。
杨石泉：话语分析与对外汉语教学，《语言教学与研究》，1984 年第 3 期。
杨翼：培养成段表达能力的对外汉语教材的结构设计，《汉语学习》，2000 年第 4 期。
翟汛：论词组教学在对外汉语教学中的重要地位，第三届国际汉语教学讨论会会务工作委员会编《第三届国际汉语教学讨论会论文选》，北京：北京语言学院出版社，1990 年。
翟汛：浅谈华文教育的“语、文、道”，《海外华文教育》，2000 年第 3 期。
翟汛：关于汉语口语成段表达能力训练的几点想法，《海外华文教育》，2002 年第 4 期。
翟汛：对外汉语口语教学的几点思考，《长江学术》，2007 年第 2 期。
张宝林：语段教学的回顾与展望，《语言教学与研究》，1998 年第 2 期。
张宝林：语段的语义中心的获取及表现形式，《语言教学与研究》，2001 年第 3 期。
张宝林 a：关于对外汉语教学大纲的若干思考，第八届国际汉语教学讨论会论文选编辑编委会编《第八届国际汉语教学讨论会论文选》，北京：高等教育出版社，2007 年。
张宝林 b：汉语水平考试中的语段测试，《汉语学习》，2005 年第 4 期。

张宝林：对外汉语语法知识课教学的新模式，《语言教学与研究》，2008 年第 3 期。

张宝林："汉语写作入门" 教学模式刍议，《语言教学与研究》，2009 年第 3 期。

张宝林：回避与泛化——基于 "HSK 动态作文语料库" 的 "把" 字句习得考察，《世界汉语教学》，2010 年第 2 期。

张宝林：外国人汉语句式习得研究的方法论思考，《华文教学与研究》，2011 年第 2 期。

张宝林：关于汉语句式习得研究方法论的再探讨，《华文教学与研究》，2018 年第 2 期。

张伯江、方梅：《汉语功能语法研究》，北京：商务印书馆，2014 年。

张辉：《成功之路·进步篇 2》，北京：北京语言大学出版社，2008 年。

张慧：留学生中介语口语语段衔接特征研究，南京师范大学硕士学位论文，2014 年。

张文贤：《现代汉语连词的语篇连接功能研究》，北京：北京大学出版社，2017 年。

张炎荪、潘新：作文教学应予重视的一项基本功——谈如何写好语段，《北京师范大学学报》，1991 年第 5 期。

赵成新：外国留学生汉语语篇衔接方式偏误分析，《台州学院学报》，2005 年第 2 期。

赵新、李英：《阶梯汉语·中级精读 1》，北京：华语教学出版社，2004 年。

国家对外汉语教学领导小组办公室、北京语言学院汉语水平考试部：《汉语水平词汇与汉字等级大纲》，北京：北京语言学院出版社，1992 年。

国家对外汉语教学领导小组办公室、北京语言学院汉语水平考试部：《高等学校外国留学生汉语教学大纲》，北京：北京语言大学出版社，2002 年。

Laufer, B. & Nation. P 1995 Vocabulary Size and Use：Lexical Richness in L2 Written Production [J]. Applied Linguistics 16 (3).

Lu, X. 2012 The Relationship of Lexical Richness to the Quality of ESL Learners' Oral Narratives [J]. The Modern Language Journal 96 (2).

Martin. J. R. & Rose. D. Working with Discourse：Meaning Beyond Clause. London：Continuum, 2003.

Mcenery, A. & Xiao, Z. The Lancaster Corpus of Mandarin Chinese：A Corpus for Monolingual and Contrastive Language Study. In Lino, M., Xavier, M., Ferreire, F., Costa, R. & Silva, R. (eds.), Proceedings of the Fourth International Conference on Language Resources and Evaluation (LREC 2004), Paris: European Language Resources Association, 2004.

Read, J. 2000 Assessing Vocabulary [M]. 北京：外语教学与研究出版社.

Wolfe-Quintero, K., Shunjin. I & HaeYoung. K 1998 Second Language Development in Writing: Measures of Fluency, Accuracy, and Complexity [R]. Paper presented at Second Language Teaching and Curriculum Center. Honolulu: University of Hawaii.

附录1:《成功之路·进步篇》(一)、(二)册语段框架汇总

第1课 《安妮的日记》

1-1 前几天……,今天……,……也……

前几天天气一直不好,今天终于晴了,天气也暖和多了。

1-2 也……更……

对我们这些刚到中国的留学生来说,吃中餐,点菜是一件很复杂的事,因为菜单上的很多汉字我们还没学过。虽然有的汉字认识,但也不明白是什么意思,更不知道那个菜是什么味道,好吃不好吃。

1-3 这样……

碰上好吃的菜,就把那个菜的名字记在本子上,这样就可以记住了。

第2课 《马丁看中医》

2-1 ……先……,又……,然后……,接着……,最后……

他先看了看马丁的脸色,又让他张开嘴,看了看他的舌头,然后,他让马丁伸出左手。……接着,又问了马丁一些问题。最后,他摘下眼镜,笑着对马丁说:"你身体没什么大问题……"

2-2 ……,从那以后……,现在……,……以后,……,将来……

……,从那以后,马丁对中国的传统医学产生了兴趣。现在他有一个想法,他决定学好汉语以后,去中医药大学学习中医,将来他也要当一名中医大夫。

第3课 《给父母的一封信》

3-1 以前……,现在……

以前我在汉语课本里学过"上有天堂,下有苏杭"这句话,现在我才真正理解了它的意思。

3-2 ……,不仅……,而且(还)……,另外(还)……,特别是……

这次旅行的收获很多,不仅欣赏了美丽的自然风光,而且还了解了当地的风俗习惯。另外,还吃到了很多好吃的东西,特别是各地风味不同的小吃。

第4课 《我的太极拳老师》

4-1 别看……，但是……

别看动作很缓慢，但是他们个个都汗流浃背。

4-2 说起……，大家都……，说他……，……很多年了，……

说起陈师傅，大家都特别佩服他，说他是太极拳高手，练太极拳已经很多年了，功夫很厉害。

4-3 Ta……，……，……。

他是太极拳高手，练太极拳已经五十多年了，功夫很厉害。

4-4 ……从那以后，……先后……，现在……，……

我对陈师傅说我想做他的徒弟，陈师傅爽快地答应了。从那以后，我跟着师傅先后学会了三种太极拳拳式。现在我已经迷上了太极拳，它成了我生活中不能缺少的一部分。

第5课 《曹冲称象》

5-1 有人说……，马上就有人……，再说……，也……

有人说："造一杆大称来称吧"。马上就有人反对："这得造多大一杆秤啊！再说，大象是活的，也没有办法称呀"。

5-2 ……。这时，……

官员们想了很多办法，但是都不可行。这时，曹冲对曹操说："爸爸，我有个办法。"

5-3 S先……，……，……。然后……，……。接着，……。最后……，……

曹冲先叫人把大象牵到船上，等船停稳了，沿着水面在船身上画一条线。然后，再把大象牵到岸上来，把石头一块一块往船上装。接着，把船里的石头都称一称。最后把石头的重量加在一起，就是大象的重量。

第6课 《左手握右手》

6-1 ……，……时，……；……时，……；……时，……。

左手握右手，虽然不会让你的心颤抖，但天冷时，你会不自觉地把左手和右手握在一起；拿重的东西时，左手累了，你会换到右手上；受伤时，一只手不能做事情了，会很自然地换到领一只手上。

6-2　……，S……，……，然后……，S 就……了。

我还听有人说，爱情的保鲜期只有十八个月，在这十八个月里，从认识到恋爱、结婚、生孩子，然后，爱情就结束了。

6-3　……刚……不久，一天……。……的时候，……。

小芳刚结婚不久，一天她去参加朋友们的聚会。吃饭的时候，大家谈起夫妻之间的感情问题。

第 7 课　《镇静是一种智慧》

7-1　从前……，有……，在……的时候，……

从前，有一个商人，在他六十岁的时候，他不想继续经营他的店铺了。

7-2　……，还……，然后……

他把所有的财产换成了金子，还找人特制了一把雨伞，把金子全都藏进了伞把儿里，然后，他背上行李，带上雨伞，准备回老家养老。

7-3　……认为……，估计……，……应该……

他认为雨伞一定不是专业盗贼偷走的，估计是被过路的人顺手牵羊拿走的，这个人应该就住在附近。

第 8 课　《香蕉和香蕉皮》

8-1　……之所以……，是因为……，……却……，并没有……

我之所以多看了他几眼，是因为他站在那儿，小心地翻弄着几把香蕉，摊主却站在香蕉摊儿旁边看人下棋，并没有注意到他。

8-2　……，却……，然后……

摊主把四个香蕉装进一个纸袋里递了过去，却把那个人递过来的钱推了回去，然后向他摆了摆手。

8-3　S……，……V 着……，……

他的头发又脏又乱，脸黑黑的，手里拎着个破塑料袋子，一看就知道是个捡垃圾的。

第9课　《凤凰的传说》

9-1　……，S2……，……。S1……，……，S2……。

有一年特别干旱，鸟儿们找不到吃的，都饿得快活不下去了。这时，凤凰急忙打开山洞，把果实拿出来分给大家，很多鸟才活了下来。

9-2　……，S……，……。Ta……，……，……。

传说很久以前，凤凰只是一只很不起眼的小鸟，但它却很勤劳。它从早到晚地忙，把别的鸟扔掉的果实都一颗一颗捡起来，存放在山洞里。

9-3　这只是……，事实上……

这只是一个美丽的传说，事实上凤凰是人们想象出来的形象。

第10课　《熟能生巧》

10-1　……，却……，又……，开始……

老人没回答，却拿了一个葫芦放在地上，又在葫芦口儿上面放了一个有孔的硬币，开始给大家表演起倒油的技巧来了。

10-2　S1……，……，S2……，S3……，……，……。

他舀了一勺油，眼睛瞄准了，油勺轻轻一歪，油就像一条黄黄的细线，笔直地从钱孔流进葫芦里，一点儿也没沾到硬币上。

10-3　S一开始……，……了，……了，就……了。

卖油的老人一开始倒油的技术肯定不高，时间长了，倒油的次数多了，技术就熟练了。

第11课　《谁发明了筷子》

11-1　传说……，有一年……

传说在中国历史上，有一年发生水灾，舜派大禹去治水。

11-2　……，Ta……，……，……

为了不浪费时间，大禹砍下两根树枝，把肉从热汤中夹出，吃了起来。

11-3　为了……，……，……，……。从此，……，……

为了不浪费时间，大禹砍下两根树枝，把肉从热汤中夹出，吃了起来。从此，大禹总是用细棍从热锅中夹取食物，慢慢地掌握了用细棍夹取食物的技巧。

11-4　这样……，既……，又……，于是……，……。

人们见他这样吃饭，既不烫手，又不会让手沾上油腻，于是也像他那样吃起来，筷子就这样产生了。

11-5　事实上，……应是……，不是……。

事实上，筷子的产生，应是人民群众的集体智慧，不是一个人的功劳。

第 12 课　《孔子和渔夫》

12-1　有一次……。一天，……，正……，却……。

传说有一次，孔子带着学生去各地讲学。一天，他们来到一座山下，正准备休息，却忽然下起大雨来了。

12-2　……虽然……，但是……：任何……都……，任何……都……，如果……要……。

这虽然只是一个传说，但是它告诉我们这样一个道理：任何人都有不懂的东西，任何人都会出错，如果错了要马上改。

第 13 课　《驴的自救》

13-1　……很快就……，刚开始，……，没过几分钟……就……。

那头驴很快就意识到发生了什么，刚开始，它叫得很凄惨，没过几分钟它就安静了下来。

13-2　当……时，……都……，然后……，再……。就这样，……。没过多久，……，然后……。

当泥土落到驴的背上时，它都会晃动身体，把泥土抖落到旁边，然后用蹄子在土上踩一踩，再站到上面去。就这样，那头驴不停地重复着这些动作。没过多久，它竟然把自己升到了井口，然后快步地跑开了。

13-3　其实，……如此。……，都……。只要……，然后……，就……。

其实，我们的生活也是如此。我们可以把每一个困难、每一次失败，都当成加在我们身上的“泥土”。只要我们不停地把它们抖落，然后站上去，就会有新的转机。

第 14 课　《陶行知的四块糖》

14-1　有一次，……，就马上……，并……。看来，……。

有一次，陶行知在校园里看到王友用泥块儿砸自己班上的同学，就马上制止了他，并让他放学后到校长办公室去。看来，陶行知要好好教育王友了。

14-2　当……时，……就……，这说明……。

当我不让你再打人时，你就立即住手了，这说明你很尊重我。

14-3　……，是因为……。……，这说明……，而且……，应该……。

你用泥块儿砸那些男生，是因为他们不遵守游戏规则，欺负女生，你砸他们，说明你正直善良，而且有批评不良行为的勇气，应该奖励你啊！

第15课　《老人和乞丐》

15-1　……不仅……，……也……。只要……，……就……，于是……，而且……。

老人不仅对周围的人好，对乞丐也很好。只要有人来乞讨，他就会给他们钱和东西，于是到村里来的乞丐越来越多，而且许多都是熟面孔。

15-2　……，可是有一天，……。……，再也不……。

老人接济了很多乞丐，可是有一天他却突然病倒了。他的子女们把他接到城里去治病，病好后再也不让他回农村了。

15-3　当年……曾经……，可是有一次，……。……再也不……。……开始……，从此……。

当年我曾经多次向老人乞讨，可是，有一次老人说："……。"老人的话让我十分羞愧，我决心再也不做乞丐了，我要自食其力。我开始在一个建筑队打工，从此迈出了了成功的第一步。

第16课　《喇叭盗窃案》

16-1　现在……，……先……，然后……。

现在请你们写一篇短文，你们先假设自己是盗贼，然后想想自己会偷些什么东西，会用什么办法不让别人发现。

16-2　……先……，又……，然后……。

我先找钱，又从橱窗里拿了一个喇叭，然后溜出了商店。

16-3　……先……，这样……，因为……。

我先用刀在橱窗上挖了个大洞，这样别人就不会想到是我干的。我不会去撬那三个装钱的箱子，因为这样会发出响声。

第 17 课　《一个婴儿的拥抱》

17-1　……刚……，……就……，而且还……。

我们刚坐下，小瑞瑞就在我的怀里又蹦又跳，而且还高兴地伸出手来尖叫着。

17-2　……。不料，当……的时候，……却……。

“天啊，让我赶快走出去吧。”我心想。不料，当我走过他身边的时候，瑞瑞却努力地把他的小身体向外伸，……。

17-3　S1……，可是 S2，……却……。

我的小瑞瑞看见的是一个人的内心。可是我，他的妈妈，看到的却是一套衣服。

第 18 课　《信任的力量》

18-1　开始的时候……，……只要……，就……。可是，……，不但没……，反而……。

开始的时候他很自信，他觉得只要自己肯干，就一定能把工作做好。可是，他埋头苦干了一段时间，不但没取得什么成绩，反而在几个大项目上都失败了。

18-2　……首先……。接着，……，……V 起来。

他认识到销售工作首先要为客户着想，一切要为客户服务。接着，他重新做了一个工作计划，努力地工作起来。

18-3　S 又一次……，因为……，当初……

他又一次走进了总经理的办公室，因为他很想知道，当初总经理为什么要留下他。

18-4　当初……最后……。既然……，也……，……只是……。与其说……，不如说……

当初我面试了二十多个人，最后只留下你一个。既然你能在应聘时得到我的认可，我相信，你也一定有能力在工作中得到客户的认可，你缺少的只是机会和时间。与其说我对你有信心，不如说我对自己更有信心，我相信我没有看错人。

第19课　《不当差的天使走了》

19-1　虽然……，但是……，还是……

虽然她就要充满希望地去国外过另一种生活，但是要离开自己的宝贝女儿，她还是很舍不得，觉得对不起女儿。

19-2　……，每当……时，如果……就……；如果……的话，就……

你知道，每当天使飞到一个地方时，如果发现那里有人需要帮助了，她就会留下来当差；如果一切都很好的话，不当差的天使就会放心地飞走。

第20课　《陪聊》

20-1　说实话，……，不过，为了……，还是……

说实话，我不喜欢这份工作。听一个陌生老太太叨唠，能有什么意思？不过，为了挣钱，我还是去了。

20-2　从此以后，S1 都……。S2 也……才……

从此以后，我每天晚上都去陪老人聊天儿。母亲也总是要等到我回来才睡。

20-3　原来……。因为……，所以连……也……。想不到……，因为……，也……

原来我以为，我的母亲是世界上最可怜的母亲。因为她的儿子没有钱，所以连和她聊天的时间也没有。想不到还有另外一个母亲，她的儿子因为有了太多的钱，也没时间坐下来陪她聊天儿。

第21课　《网络新生活》

21-1　……，同时也……/……的同时，也……

在中国，网络已经深入年轻人的生活，同时也在改变着他们的生活方式。

网络在给人们带来许多方便条件的同时，也在逐渐地改变着人们的生活方式。

21-2　那时……。现在……

那时，每天除了在教室上课，就是在图书馆里读书看报。可是现在，我已经很少看报纸了，每天上网浏览一下，就能了解到当天的新闻和重要的信息。

21-3　当……时，只要……，就……

当你看到物美价廉的东西时，只要点几下鼠标，通过网上付款或者银行汇款以后，就有人把东西送到你家里了。

第22课 《老人养老去哪里》

22-1 随着……，……已经……，……更……

随着社会的发展，家庭养老已经不能满足一些老人的要求，靠社会养老更符合实际需求。

22-2 有的……，但……；而……的，……；有的……，但是……

有的养老院经济上能承受，但条件不太好；而条件让老人满意的，经济上又承受不起；有的价钱、条件都比较合适，但是数量有限。

22-3 ……来，……，一直……

几千年来，中国人到了老年后，一直是靠子女养老的。

第23课 《的哥给我上的MBA课》

23-1 ……，也就是说，……

每次拉到乘客平均要用7分钟，乘客上车后，10元起步价大约需要10分钟，也就是说，每做10元生意的时间成本是17分钟。

23-2 ……。此外，……

张师傅善于对营业数据进行统计、分析。此外，他还特别留心市内举办的各种商业、娱乐活动，主动找客源。

第24课 《大学生的就业问题》

24-1 随着……，……越来越……，但……

随着接受高等教育人数的增加，毕业后需要就业的大学生越来越多，但就业率却不太乐观。

24-2 即使……，也……，只……

即使是那些已经迈进社会的大学毕业生，也有不少人感到不太适应现有的工作或者有跳槽的打算，只有一部分人感到工作还算快乐。

附录 2：《成功之路·进步篇》（一）、（二）册语段练习教辅材料汇总

第一课　安妮的日记

一、请根据课文内容填空：

1. 前几天天气一直不好，今天________晴了，天气也________多了。中午的时候我们来到一家________吃饭。一进门我就________了这里。这家餐馆不但______很好，而且餐具________都很干净。服务员对我们又______又________。**我们________坐下来，一个服务员就给我们________了一壶菊花茶，还给我们送来了热毛巾让我们________。**

2. 点菜对我们留学生来说是一件很________的事。现在我只记住了几个家常菜的名字，__________鱼香肉丝、辣子鸡丁等。要是想________，就得想别的办法了。同学们常用的办法是：__________请对中餐比较熟悉的朋友跟我们一起去吃饭，________跟中国学生一起去。

3. 今天点菜没有遇到问题，因为大卫来这儿吃过________了。今天大卫点的菜大家都很喜欢吃，（所以）桌子上的饭菜很快就被吃得________。这真是一顿又________又________的午餐！

二、请用所给结构写一段话：

1. 前几天……一直……，今天终于……，……也……了。

2. ……的时候……，一……就……。

3. ……刚……，就……，还……。

4. ……，因为……。……，所以……。这真是……。

第二课　马丁看中医

一、请根据课文内容填空：

1. 一个月前，马丁________，吃了不少________也没好，他很________。一位中国朋友建议他去看看________，（因为）中医________一些慢性病的效果很好，________头疼、失眠，等等。听了朋友的建议，马丁决定去________。

2. 老中医________花镜，让马丁坐到他的________。**他________看了看马丁的脸色，又让他______，看了看他的舌头，______，他让马丁伸出________。**

老中医把手指放在马丁的________上，给他________。________，又问了马丁一些问题。________，他给马丁开药方。

3. 吃完那几________中药以后，马丁的头疼病________好多了，这让他觉得中医很________。他现在终于知道为什么有________留学生来中国学习中医了。

4. 从那以后，马丁对中国的传统医学________兴趣。现在他有一个想法，他决定________汉语，去________大学学习中医，________他也要当一名中医大夫。

二、请用所给结构写一段话：

1. 先……，然后……。接着，……。最后，……

2. ……以后，……了。现在……

3. 从那以后，……。现在……，将来……

第三课　给父母的一封信

一、请根据课文内容填空：

1. 以前我在汉语课本里学过“上有天堂，下有苏杭”________，现在我才真正________了它的意思。

2. 这次去旅行，我的________很多。不仅欣赏了美丽的________，而且还了解了当地的________。另外，还吃到了很多好吃的东西。

3. 虽然都是南方人，苏杭________的人口味比较清淡，但是桂林人比较喜欢吃辣的，口味要________。

4. 这次去旅行，我的______一个收获是被邀请到中国人家______，感受到中国人过年时的热闹、欢乐的______。**那是我旅行到桂林的时候，正________中国最大的节日春节。过春节的时候，中国人一定要全家人________在一起吃团圆饭。**看到我________，导游就热情地邀请我去他家。他还带我一起去给他的亲戚、朋友________。这让我特别________。

5. 这次旅行让我更想学好汉语，想更多地________中国。以后我也要跟您一样，当________汉语老师。

二、请用所给结构写一段话：

1. ……，不仅……，而且还……。另外，……

2. 虽然……，……，但是……，……

3. ……的时候，……。……的时候，……

4. 这次……让……，……。以后……

第四课　我的太极拳老师

一、请根据课文内容填空：

1. 刚来中国的时候，一位朋友帮我在学校附近的小区租了________房子。没住几天我就发现，每天早上都有不少人________去小区的花园锻炼身体。一天早上，我也穿上运动服下楼来——________嘛。

2. 有一位老人______十来个人，跟着音乐______地做着动作。________动作很缓慢，但是他们个个都________。等他们练完以后，我________走过去跟他们聊天。虽然我的汉语不太好，但是我们大家________，都能互相明白对方的意思。

3. 那位老人姓陈，大家都叫他“陈师傅”。说起陈师傅，大家都特别______，说他是太极拳______，练太极拳______五十多年了，功夫很________。

4. 听了这些介绍，我也对太极拳________了兴趣。第二天早上，我又来到了花园。我对陈师傅说想做他的________，陈师傅________地答应了。**从那以后，我跟着我师父________学会了三种太极拳拳式。现在我已经________了太极拳，它成了我生活中不能缺少的________。**

二、请用所给结构写一段话：

1. 刚……的时候，……。没几天……。一天早上……。

2. 别看……但是……。等……以后，……。

3. ……。说起……，……。说……，……。

4. 从那以后，……。现在……，……。

第五课　曹冲称象

一、请根据课文内容填空：

1. 有人送给曹操一头大象，曹操________高兴。他带领________的官员和小儿子曹冲去看。

2. 这头大象又高又大，光腿就有________的柱子那么粗，人跟它站在一起，还________它的肚子。

3. 曹操从来没见过这么个大家伙，很想知道它的______。**有人建议造一杆______来______大象，马上就有人反对，因为不可能造这样的大秤，______大象是活的，也称不了。**官员们的办法都不______。这时曹冲说他有个好办法，听了曹冲的办法，曹操______说好。

4. 曹冲叫人先把大象______船上，等船停稳了，______水面在船身上画一______线。然后，再把大象牵到______来，把石头一块一块______船上装。接着把船里的石头都______，最后把石头的重量______一起，就是大象的重量。

二、请用所给结构写一段话：

1. 有人建议……，马上就有人反对，因为……，再说，……，也……。

2. 先……，然后，再……，接着……，最后……。

第六课　左手握右手

一、请根据课文内容填空：

1. 一天，小芳去参加朋友们的______。吃饭的时候，大家谈起夫妻之间的______问题。有人开玩笑说："握着老婆的手，就像左手握右手，一点儿______也没有。"听了这句话，大家都______大笑，只有小芳没有笑。男人们说，这是______的。可是小芳认真地说："**左手握右手，虽然不会让你的心______，但天冷时，你会不自觉地把左手和右手握在一起______；拿重的东西时，左手累了，你会______右手上；受伤时，一只手不能做事情了，会很自然地换到______一只手上……**左手和右手______！如果丈夫是左手，妻子就是右手，互相______，互相______，不能分离。"

2. 有人说，爱情的______只有十八个月，在这段时间里，从认识到______、结婚、生孩子，然后，爱情就______了。但是小芳的看法不一样，她认为要是"左手"和"右手"能一直______地握在一起，就可以让爱情______。

二、请用所给结构写一段话：

1. ……。……时，……；……时，……；……时，……。

2. 有人说，……。但是我的看法不一样，我认为要是……，就……。

第七课　镇静是一种智慧

一、请根据课文内容填空：

1. 商人年轻的时候离开家乡，在城里经营一个________。现在他准备回老家________。他把所有的财产________了金子，还特制了一________雨伞，把金子全都________了伞把儿里，然后走回家。

2. 商人走累了，就在路边休息，________打了个盹儿。醒来后，他发现那把特制的雨伞______丢了！不过商人并没有______，他很________。他看了看行李，除了雨伞________，别的东西都在。他估计雨伞可能是被过路的人________拿走的，而且这个人就住在________。

3. 为了找回自己的伞，商人决定________在这个地方住________时间。他租了一个店铺________雨伞。半年过去了，他还是没有等来自己的伞。但是商人________着急，他了解到有的人伞坏了就不修了，他们会去买新伞。________，商人改了行，他开了一个旧伞________换新伞的店铺。很快，住在附近的人都________过来换伞。

4. 一天，有个人拿着旧伞来换新伞。商人发现________是自己半年前丢的那把伞，伞把儿________也没坏。商人________也没说，就给那个人换了一把________。等那个人一走，商人________就收拾行李，离开了这里。

二、请用所给结构写一段话：

为了……，决定……。半年过去了，还是……。但是……并不……，……。于是，……。

第八课　香蕉和香蕉皮

一、请根据课文内容填空：

1. 一天，我下班______一个香蕉摊儿，**摊儿前站着一个人**，这个人______了我的目光。他的头发又______又______，**脸________，手里拎着个________塑料袋子，一看就知道是________垃圾的**。

2. 他站在香蕉摊儿前小心地________着几把香蕉，摊主________站在旁边看人下棋，________没有注意到他。捡垃圾的从一把香蕉上________四个小的，轻轻地放在了________上，然后伸长脖子________摊主的秤。摊主低着头，认真地________。捡垃圾的从上衣口袋里________一把零钱准备付钱时，摊主才看了他______。这一眼______让他有些意外。摊主把香蕉装进一个纸袋里________了过去，却把捡垃圾的人手里的零钱________了回去，还________他摆了摆手。捡垃圾的________了一下，把钱又一次递向了摊主。这次，摊主笑着摆了摆手，捡垃圾的才________走开。

3. 捡垃圾的________一个香蕉，一口吞了下去，香蕉皮________扔到了路上。当吃到第三个香蕉时，他的前面出现了一个垃圾箱。他站________了，把香蕉皮扔了________。突然，他又往回走，从地上________那两个香蕉皮，扔进了垃圾箱。接着，他又回头看了看那个卖香蕉的，很快就消失在________中。

二、请用所给结构写一段话：

1. ……V-着……，……AA 的，……V-着……，一看就知道……

2. S1……，S2 才……。S2……，还……。S1……，……。这次，S2……，S1 才……。

第九课　凤凰的传说

一、请根据课文内容填空：

1. ________很久以前，凤凰只是一只很________的小鸟，但它却很________，把别的鸟扔掉的________都一颗一颗捡起来，________在山洞里。有一年特别________，鸟儿们________吃的，都快活不下去了。这时，凤凰________打开山洞，把果实拿出来________大家，很多鸟才活了下来。为了感谢凤凰，鸟儿们把自己身上最漂亮的羽毛________，做了一件漂亮的衣服送给凤凰，还让它做了______。从那以后，每年凤凰过生日的时候，鸟儿们都会飞来向凤凰表示______。

2. 凤凰是中国古代________的神鸟，生活中并没有。事实上凤凰跟龙一样，都是人们想象出来的________。以前龙和凤都被帝王们________权利和尊严的象征，后来它们成了民间的________，尤其在中国传统的婚礼上，它们成了新郎新娘衣服上的________，象征着喜庆和________。

二、请用所给结构写一段话：

1. 传说很久以前，S1……，……，……。有一年……，S2……，……。这时，S1……，……，S2……。

2. 以前……，后来……，尤其……，……，……。

第十课　熟能生巧

一、请根据课文内容填空：

1. 古时候有个人很喜欢________。他每天都练习，所以________很准。一天，他来到大街上想________一下他的箭法。他射了几箭，箭法________很准。人们都________他了不起，这个人听了高兴极了。可是这时一位________的老人却说这没什么，射箭的听了心里很不________。他问老人为什么敢________他。老人没说话，却拿了一个________放在地上，开始给大家表演起________的技巧来了。看完表演，人们觉得这位老人更________，可老人去说："这没什么，练得多了，就________了。"

2. 事实上，卖油的老人一开始倒油的________肯定不行，时间长了，倒油的________多了，技术就________了。那个喜欢射箭的人一开始也射得不准，练习的次数多了，箭法________就准了。"熟能生巧"这个________告诉我们：________做什么事情，熟练了就能找到________，掌握技巧。

二、请用所给结构写一段话：

1. 古时候有个人……。一天，S1……。S1……，……。S2……，S1……。可是S3……，S1……。

2. 事实上S1一开始……，时间长了，……，……就……了。S2一开始也……，……多了，……就……了。

第十一课　谁发明了筷子

一、请根据课文内容填空：

1. 中国是世界上最早________筷子的国家，中国人用筷子吃饭最少也有3000年的________了。**筷子________只是非常简单的两根小细棒，但它有挑、拨、夹、拌等________，而且使用方便。________使用过筷子的人，都会认为发明筷子的人很________。**

2. 传说在中国历史上，有一年发生________，舜派大禹去________。大禹日夜工作，________休息，________吃饭、睡觉也舍不得耽误时间。**有一次，大禹______极了，就架起锅______吃。为了不浪费时间，他砍下两根________，把肉从热汤中夹出，吃了起来。从此，大禹总是用细棍从热锅中________食物，慢**

慢地就________了用细棍夹取食物的技巧。人们见他这样吃饭，________不烫手，________不沾手，于是也像他那样吃起来，筷子就这样________了。

二、请用所给结构写一段话：

1. ……只是……，但……，而且……。凡是……的+N，都……。

2. 有一次，S1……，就……。为了……，……，……，……。从此，S1……，……。

S2……，既……又……，于是也像S1那样……，……。

第十二课　孔子和渔夫

一、请根据课文内容填空：

1. 孔子是中国古代________的教育家和思想家。**传说有一次，孔子带着学生去各地________。一天，他们来到一座山下，正准备休息，却________下起大雨来了。正在这时，走过来一个老________。他把孔子和他的学生领进一个山洞________。**山洞是老渔夫休息的地方，面对着大海。**孔子在洞口欣赏着雨中的________，看着看着，________说出了两句诗："风吹海水千层浪，雨打沙滩万点坑。"老渔夫听了这两句诗，觉得孔子说的不对。孔子问老渔夫怎么________，老渔夫说："如果改成'风吹海水层层浪，雨打沙滩点点坑'，这样不是更好吗?"孔子觉得老渔夫改得特别好。**________，他的一个学生却表示出了不满。他对老渔夫说孔子________是圣人，他的诗不能随便改。老渔夫也不高兴了，他不认识孔子，更不知道孔圣人是谁。他拍拍那个学生的________说："小伙子，圣人说的话常常很有________，但也不一定事事都比别人________。"孔子觉得老渔夫说得对，他告诉学生一定要记住老渔夫的话。

2. 这虽然只是一个________，但它告诉我们这样一个________：任何人都有不懂的东西，任何人都会________，如果错了要马上________。

二、请用所给结构写一段话：

1. 传说有一次，S1……。一天，S1……，正……，却……。正在这时，V过来S2。S2把S1……。

2. S1……，V着V着，……。S2……，觉得……。S1问S2……，S2说……，S1觉得……。

第十三课　驴的自救

一、请根据课文内容填空：

1. 从前，有一头驴掉到了一口没有水的井里，它的主人急得________，想来想去也________好办法来，最后决定________。不过，为了不让驴再痛苦，他决定把这口井________。

2. 大家开始________填土。**刚开始，驴叫得很________，没过几分钟它就安静了（____ ____）。当泥土落到驴的背上时，它都会________身体，把泥土________到旁边，然后用蹄子在土上________，再站到上面去。就这样，那头驴________地重复着这些动作。**没过多久，它________把自己升到了井口，然后快步地________了。

3. 其实，我们的生活也是________。**我们可以把每一个________、每一次________都当成加在我们身上的“泥土”。只要我们不停地把它们抖落，然后站上去，就会有新的________。**

二、请用所给结构写一段话：

1. 刚开始，S……，没过几分钟，Ta 就……（了）。当……时，Ta……，……，

然后……，再……。

2. 我们可以把……都当成……。只要我们……，然后……，就会……。

第十四课　陶行知的四块糖

一、请根据课文内容填空：

1. 有一次，陶行知在校园里看到王友用泥块儿________自己班上的同学，就马上________了他，并让他放学后到校长办公室去。________，陶行知要好好教育王友了。

2. 陶行知奖励王友第一块糖是因为王友________来到校长办公室，他自己却________了。**陶行知奖励王友第二块糖，是因为当他不让王友再打人时，王友________住手了，这________王友很________陶行知**。陶行知奖励王友第三块糖是因为他______过了，王友用泥块儿砸那些男生是因为他们不遵守游戏______，欺负女生，这说明王友正直善良，而且有批评不良行为的________。陶行知奖励

王友第四块糖是因为王友正确地认识了________。

二、请用所给结构写一段话：

1. 有一次，S1（A）……B……，就……（Ta2），并……。看来，S1（A）要……B了。

2. S1（A）奖励B……，是因为当Ta1（A）……时，S2（B）……了，这说明S2（B）……A。

第十五课　老人和乞丐

一、请根据课文内容填空：

1. 老人对邻居热情大方。他不仅对周围的人好，而且对________也很好。只要有人来________，他就会给他们钱和东西，于是到村里来的乞丐越来越多，而且许多都是______。老人______了很多乞丐，可是有一天他却突然______了。他的子女们把他接到城里去治病，病好后再也不让他回农村了。

2. 几年以后，有一天，一位________的中年人来到村里。他找到村长让他________给老人一个纸袋。纸袋里有30万块钱和一封信。送钱的人是当地一位有名的________。当年他________多次向老人乞讨，可是有一次老人说他之所以施舍给那些________的人是因为他怕________真正需要帮助的人。老人的话让他十分________。**他决心再也不做乞丐了，他要________。他开始在一个建筑队打工，从此________了成功的第一步，短短几年就从乞丐________企业家了。**

二、请用所给结构写一段话：

1. S1……。Ta1不仅……，而且……。只要……，Ta1就……。于是VP的S2……，而且……。

2. Ta决心再也不……了，Ta要……。Ta开始……，从此V+了……，短短几年就……了。

第十六课　喇叭盗窃案

一、请根据课文内容填空：

1. 星期六晚上，一家乐器店______了。盗贼是砸碎了商店玻璃窗后______的。他________三个装钱的箱子，把里面的钱和橱窗里一只价值很高的________放在一个盒子里偷走了。

2. 警察对现场进行了________，怀疑这个盗窃案是乐器店的店员________的。乐器店里有三个店员，他们被带到了赵警官______。**赵警官让他们写一篇______，先______自己是盗贼，然后想自己会偷什么东西，会用什么办法不让别人______。半个小时后赵警官让他们停笔，并让他们________自己的短文。**

3. 张三先说：**“星期六早上，我对乐器店________了观察，发现从后院下手最________。到了晚上，我________了玻璃窗，爬了进去。我先找钱，又从橱窗里拿了一个喇叭，然后________了商店。”**

二、请用所给结构写一段话：

1. S1（A）让B……，（B）先……，然后……，……。Time + S1（A）让B……，并让B……。

2. Time1，S……，发现……。Time2，S+V1了……，V2了……。S先……，又V3了……，然后V4了……。

第十七课　一个婴儿的拥抱

一、请根据课文内容填空。

1. 那天中午，我们带着孩子来到一家饭馆吃饭。刚坐下，**小瑞瑞就在我的怀里________，而且还高兴地伸出手来________着。**我和丈夫________他手指的方向看过去，**原来他在________一个老头儿笑呢。那是一个穿着________裤子的老头儿，脚趾从鞋里________，衬衫很脏。**我们点的饭菜来了，那个老头大喊：“你们给________点蛋糕了吗？他多可爱啊！”那个老头儿________是喝醉了，我和丈夫都没有________他，我们________地吃着饭。

2. 这顿饭________吃完了。丈夫站起来去________。我抱着瑞瑞走出饭馆，可是那个老头却坐在饭馆门口。当我走过他身边的时候，________瑞瑞却把他的小身体向外伸，从我的怀里向那个老头儿________了过去。那个老头________了他，瑞瑞温顺地把他的小脑袋________在老头的肩膀上，眼睛紧闭着，轻轻地________，转过身对我说：“你要好好照顾这个孩子。”我________才说了一句：“我会的。”

3. 我抱着瑞瑞跑到停车场，丈夫看到我哭得________，感到莫名其妙，只有我知道为什么。**我刚刚________看见了一个婴儿表现出来的真爱。我的瑞瑞看见的是一个人的________，可是我，他的妈妈，看到的却是一套衣服。这是我的小瑞瑞给我上的最好的一课。**

二、请用所给结构写一段话。

1. Time，Event。S1……，而且……（着）。原来 Ta1 在 V1+O+v2 呢。那是……O，……，……。

2. 我（S1）看见了……。S2 看见的是……，可是我（S1），Appositive clause，看到的却是……。这是 S2……。

第十八课　信任的力量

一、请根据课文内容填空。

1. 有一个叫林为的年轻人好不容易在一家贸易公司找到一份________工作。开始的时候他很自信，觉得只要自己________，就一定能把工作做好。可是他埋头________了一段时间，不但没取得什么________，反而在几个大项目上都________了。他开始________自己的能力，觉得自己干什么都________别人，什么都干不好。他实在________这种痛苦，只好去向总经理________。总经理不同意，让林为安心工作。他想给林为________的时间，直到他成功。

2. 林为决心一定要________这个机会。于是他总结了自己失败的________，仔细分析了客户的________。接着他重新做了一个工作________，努力地工作________。一年以后，林为成了公司的________，他的业绩________七个月在公司排第一。他这时才发现原来这份工作是那么________自己。他问总经理当初为什么不让他走，总经理是这么回答的："当初我________了二十多人，最后只留下你一个。既然你能在应聘时得到我的________，你也一定有能力在工作中得到________的认可。与其说我对你有信心，________说我对自己更有信心，我觉得你缺少的只是机会和时间。"

二、请用所给结构写一段话。

1. S 好不容易……。开始的时候 Ta……，觉得只要……，就……。可是 Ta……（V+了+a period of time），不但没……，反而……了。Ta 觉得……，……。

2. S 决心……。于是 Ta+V1+了……，V2+了……。接着 Ta+V3+了……，……。Time+以后，S……，……。

第十九课　不当差的天使走了

一、请根据课文内容填空。

1. 我和前妻分手，主要是因为我们俩________。她是一个永远都不满足的

人，我却喜欢______地过日子。离婚前，我们并没有像别的夫妻那样______，我们决定和平________。

2. 前妻离开前的那个晚上，我和她整整说了一夜的话。虽然她就要______地去国外过另一种生活了，但是要离开自己的宝贝女儿，她还是很________。我请她放心，这件事由我来向女儿________。

3. 前妻走后的好几天了里，女儿都很平静，我也________表现得跟平时一样，每天________早上送女儿上幼儿园，晚上再把她接回来。可是，在前妻离开两周后的一个晚上，女儿躺在床上突然问我妈妈去哪儿了，什么时候回来。我觉得女儿________感到了什么，该告诉她了。于是我轻声地对她说："爸爸以前给你讲过很多天使的故事。________**天使飞到一个地方时，如果发现那里有人需要帮助了，她就会留下来________；如果一切都很好的话，不当差的天使就会放心地飞走，______去找需要她帮助的人。**世界上的爸爸妈妈就是天使，是________飞来照顾孩子的。咱们家里，有爸爸一个人就能照顾好你，所以妈妈才放心地去别的地方了……"女儿听着听着就________了，就像平时听我讲别的故事一样。

二、请用所给结构写一段话。

1. Event，主要是因为……。Ta……，我却……。Time，我们并没有像……那样……，我们决定……。

2. 每当S……时，如果……，Ta就……；如果……的话，S就……，……。

第二十课 陪聊

一、请根据课文内容填空。

1. 母亲刚从老家回来，特别想和我聊天儿，但我却没有时间陪她。因为老婆________了，一家人的生活全________我。我只是一个普通工人，每月的工资________不够用，只好在业余时间里去当________——陪一个单身老太太聊天儿。

2. 第一天晚上去老太太家，她就让我陪她聊到了________。当我回到家里时，发现母亲还没有睡。我想坐下来陪她聊几句，可她却不让，因为我明天________还要上班。从此以后，我每天晚上都去陪老太太聊天儿，母亲也总要等我回来才睡。

3. 老太太是个有钱人，家里布置得很________，还________两个保姆，分别________打扫房间和做饭。**转眼三个月过去了，在老人的家里，除了保姆以**

外，我一直都没看见过________。可是，突然有一天晚上，有一个大款________的中年男子坐着一辆________轿车来了，他给了老太太________钱，说了几句话，就急忙走了。那是她的________，是本市一家证券公司的________。老人说他很忙，时间对他来说非常________，他的一个钟头________很多钱。

4. 原来我以为，我的母亲是世上最________的母亲。因为她的儿子没有钱，所以连陪她聊天儿的时间也没有。________还有另外一个母亲，她的儿子因为有了太多的钱，也没有时间坐下来陪她聊天。

二、请用所给的结构写一段话。

1. S1 刚……，……，但 S2 却……。因为 S3……（了），……。S2 只是……，……，只好……。

2. 转眼+Time+过去了，在 Place，除了……以外，我……。可是，突然+Time，Attributive+的 S+V1-着+V2（了），Ta……，……，就……了。

第二十一课　网络新生活

一、请根据课文内容填空。

1. 博士毕业的小徐清楚地记得十几年前自己刚上大学时的________。**那时，小徐每天______在教室上课，就是在图书馆里读书看报。可是现在，他已经很少看报纸了，每天上网______一下，就能了解到当天的______和重要的________。**另外，在网上还可以查找到很多有用的________。

2. ________的普及同样改变着中国年轻人的________上网已经是他们的一种主要________方式，他们在网上看电影、听音乐、玩儿游戏……。

3. 网上购物也越来越受到年轻人的欢迎。在银行工作的小马说：**"网上________比传统的购物方式方便得多，有时也会便宜得多。当你看到________的东西时，只要点几下________，通过网上付款或者银行________以后，就有人把东西送到你家里了。"**

4. ________，网络在给人们带来许多方便________的同时，也在________地改变着人们的生活方式。

二、请用所给结构写一段话。

1. 那时，S 除了……，就是……。可是现在，Ta ……了，……，就能 ……。

2. ……，有时 ……。当你 …… 时，只要 ……，……以后，就 ……。

第二十二课　老人养老去哪里

一、请根据课文内容填空。

1. 但是现在，儿女们的工作、生活压力越来越大，________太多的时间________老人，老人也不想太麻烦儿女。所以，________社会的发展，家庭________已经不能满足一些老人的要求，靠________养老更符合实际需求。

2. 在很多老人走出家庭，________社会养老的同时，一些问题也跟着________了。一位退休多年的老先生，用了大约一个星期时间，对他住的城市的几所________进行了考察，想给自己和老伴儿找一家________。不过，**老先生这次考察后并没有找到________的养老院，这让他感到有些________。有的养老院________能承受，但条件不太好；而条件让老人满意的，经济上又________；有的________、条件都比较合适，但数量却________。**

3. 中国社会的快速________和养老存在的问题为外国________提供了一个新的投资机会。一些投资者已经看到了这个大________，并开始在北京、上海等大城市投资修建各种________的养老院。

二、请用所给结构写一段话。

1. 现在，S1 ……越来越…，……，S2 也 ……。所以，随着 ……，……已经不能 ……，……。

2. S1……后并没有……O1，这让 Ta……。有的 S2（O1）……，但……；而……，……又……；有的（S2）……，但……。

第二十三课　的哥给我上的“MBA 课”

一、请根据课文内容填空。

1. 我刚调到上海工作的时候，认识了一位出租车________。他叫张勤，有40 多岁。每次坐他的车，跟他聊天儿，我都觉得很有________，好像上了“MBA 课”一样。多数出租车司机月________不到 3000 元，张师傅却每个月可以挣到 8000 元，是________内数一数二的________司机。

2. 张师傅更是一名“快乐的哥”。**有些司机常会抱怨交通________、油价________，但张师傅认为在改变不了________环境的时候，最好的办法就是改变自己。________，他遇到________的时候，不着急，**“喝口水，看看________，有时感觉就像在开车________”。

3. 张师傅跟________关系很好。坐车的客人，________都和他聊得很愉快，________奇怪怎么这么快就到了。张师傅也因此有了一批________，他们常常________他的车，这给他带来了相当不错的________。

二、请用所给结构写一段话。

1. 我刚……的时候，……O1。Ta（O1）……，……。每次……，……，我……，好像……一样。

2. S1……、……，但 S2 认为在……的时候，……就是……。因此，Ta……的时候，……，……。

第二十四课　大学生的就业问题

一、请根据课文内容填空。

1. 近年来，在中国，随着接受________的人数的增加，毕业后需要________的大学生越来越多，但就业率却不太________。根据调查，尽管每年大约都有二三百万________迈进社会，但仍然有一些毕业生没能在毕业时找到工作。________**大学生就业难的原因当然________一个，但其中最重要的一个原因是：来自各地，尤其是经济不________地区的大学生们都________北京、上海等大城市，他们都________在这些地方找到一份理想的工作。**

2. “找工作简直比失恋还痛苦！”**一位大四的女生又没通过________。马上就要毕业的她到处发________、准备各种笔试、面试，但________的失败让她没了信心，以前________、________的她，现在也经常________了；**“接到面试通知的前一晚总是紧张得睡不着觉”，其实这并不是________人的情况。

3. 为了帮助______大学毕业生的就业问题，各高校都成立了就业________，为毕业生们提供就业信息和________，同时还通过各种活动帮助________就业________。

二、用所给的结构写一段话。

1. Time，在+Place，随着……，VP 的 S……，但……。S+P 的原因……，但其中……：VP 的 S……，Ta/Tamen……。

2. S……，VP 的 Ta……，但……让 Ta……，以前……的 Ta，现在也……了。

附录3：教学实验中被试语段表达原文及其词汇分布

附录3-1　实验组留学生语段表达原文及其词汇分布情况

编号	语段	甲	乙	丙	丁	超	总
1	说起张师傅，大家都很佩服他，说他是神奇的哥，往往跟乘客聊天儿，也有很多回头客。	13	2	3	1	3	22
	我最喜欢的爱好是弹吉他：下雨时，我弹吉他，应该学习时，我弹吉他，我的手指疼时，我也弹吉他。	14	2		7	5	28
	他这样打龙，既不伤害手，又没死了，于是他成为英雄。	7	6	3			16
2	说起王老师，大家都很感谢他，说他是一位了不起的老师，有一种很好的教学法，他教的课很有意思。	22	4	1	2	1	30
	你应该多穿衣服，天冷时，你就会生病；生病时，你就不能来上课，不来上课时，你就不能考试考的好。	18	3	8	3		32
	这样他进步他的汉语，既复习了很长时间，又跟中国人聊天儿，于是他的汉语水平提高很多。	18	4	1		1	24
3	说起玛丽，大家都羡慕她，说她又漂亮又聪明，他每次考试都考的非常好，她还是书法的高手，而且她有很多好朋友。	23	4	3	1	3	34
	我一直都在我的最好朋友的旁边，她遇到幸福时，我也很开心，她遇到困难时，我帮她解决问题，我们俩不同意时，并不吵架，我们安静地一起商量。	32	2	3	4		41
	人们见他这样跳舞，既愉快又汗流浃背，于是他们也开始跟着他跳舞，后来每个星期都聚跳舞。	17	4	1	1	1	24
4	说起就业的问题，大家都希望在大城市工作，就玛丽是快要毕业的学生，特别喜欢北京的生活，北京公司的条件满足她。	20	3	2	1	4	30

编号	语段	甲	乙	丙	丁	超	总
4	中学后，上大学时，先应该调查一些大学，调查大学时，要选喜欢的，高考时，不用紧张，相信自己的能力。	17	4	1	4		26
	有一天我在电视上看到 ronaldo 这样踢球，既厉害，又很棒，于是我也决定开始踢足球，多练习为了成功。	22	5	2			29
5	说起跆拳道，大家都特别佩服，说那个运动太累了，跆拳道已经世界上普及了，很厉害。	15	1	2		3	21
	左手握右手，虽然不会让你的身体冷，但天冷时，你会不自觉地把左手和右手握在一起；合作的事情表示时，你会把左手和右手握在一起，惊喜交集时，女性们都会把左手和右手握在一起。	47	7	3	4	2	63
	人们舀汤时，既不烫手，又不会让手上沾上油腻，于是也像人们那样舀起汤来，汤勺就这样产生了。	19	5	2	1	4	31
6	说起那个菜，大家都满意，说它就是天堂的菜，我吃过各样各色的菜，但没看过那么好吃的菜。	19	2	4	1	2	28
	跟她结婚以后，他才找到工作，然后，他继续，认真地工作，下雨时，在雨下不停地工作，下雪时，不管冷不冷，在外边工作了，生病时，他也不休息，只一直安静地工作。	38	2	3	3		46
	他再开始做这样的行动，即没有礼貌又让别的人麻烦，于是人们承受不了那样的行动，都从这儿离开。	21	5	1	1		28
7	说起以前泰国的总理，大家都夸他有很都能力，说他是一个难找到泰国聪明的人，他当总理时，泰国落后的地区发展得很快，而且解决泰国生活质量的问题。	27	8	2	2	5	44

编号	语段	甲	乙	丙	丁	超	总
7	人们的生活，遇到问题时，应该靠自己解决问题；感到难过的感觉时，最好应该安慰自己；碰到失败时，应该想这是成功的根本。这些想法能让人们会自食其力，另外人们的生活会痛快得多。	29	10	1	3	2	45
	每天吃早饭，这样的习惯，即对身体很好，又离开生病，于是没有人会否认，每天吃早饭是很好的习惯。	20	5	3	1		29
8	说起我的高中老师，大家都特别感动，说她是一位天使，又热情又幽默，对学生们有很多关心。	19	3	1	1	2	26
	人们认为你跟她之间可能有爱情，她不吃饭时，你也不吃跟她聊天儿；你回家时，她也起来一起走；你们发生有个问题，你们俩互相帮助。你们一定是恋人吧？	38	2	2		2	44
	同学们见他这样记住生词，即记得很快，又会记得很长时间，于是他们也试试了这个办法，然后大家的结果都很好。	29	2	1	1	1	34
9	说起李始荣，大家都特别佩服他，说他是打盹儿高手，他上课时间好打盹儿，甚至老师不知道。	13		3		5	21
	我觉得每个人理想的职业都不一样，因为每个人的价值观都不同，如果有个人的最重要的价值是钱时，他要企业家或者赚大钱的职业，有个人的最重要的价值是影响别人时，他要医生，教授等，还有有个人的最重要的价值是幸福时，他所有的职业很满意。	56	12	3	3	2	76
	我见他这样写汉字，即很快写，又写的汉字很漂亮，于是也像他那样写起汉字来，我终于写得差不多了。	26	5				31
10	说起我中学教学老师，大家都同意他太严格了，说他像可怕巫师一样，因为他给我们的作业特别多，他每天都叫大声并他的性格也并不开朗。	30	7		1	2	40

编号	语段	甲	乙	丙	丁	超	总
10	我知道你不太喜欢雨，但是你不要抱怨，因为泥土大旱时，雨会复兴它；河和湖没有水时，雨会填它们；有林火时，雨会灭它。	26	3	2	5	2	38
	我最好的朋友见她的母亲这样做饭，即做得快，又十分好吃，于是为了变成更好的厨师，她决定了用妈妈做饭的方法。	30	2	2	1		35
11	说起铃木一郎，大家都特别尊敬他，说他是有名的棒球运动员，打破各种记录了，性格也不错。	13	4	1	1	2	21
	母亲和儿子，虽然两个人住在别的地方，但母亲身体不好时，儿子会担心对母亲，儿子身体不好时，母亲会担心对儿子，儿子快死了时，首先把母亲的事情。	27	8	5	3		43
	同学们见他这样汉语进步很快，即说得很流利，又听得清楚，于是也像他那样学习起来，他的学习方法就这样普及了。	27	4	2			33
12	说起张师傅，大家都特别佩服他，说他是出租车行业高手，练开车已经十五多年了，开车很厉害。	18	2	3		3	26
	丈夫和妻子，虽然不会让他们的心颤抖，但困难的时，他们一起了解困难的问题；照顾孩子的时，妻子太累了，丈夫会照顾孩子；作家事的时：妻子没有时间，丈夫一起分办做事情。	34	7	1	3	1	46
	这样喝饮料，即不用杯，又不把衣服弄脏，于是像他那样喝起饮料来，吸管就这样产生了。	16	5	4		1	26
13	说起那位学生，大家都很忿恨他，说他很没有礼貌，每天随便下课，还有每天迟到。	17	4			2	23
	人们看他每天这样运动，即让身体健康，又可以见到新朋友，于是人们也像他那样运动，这个运动就这样产生了。	24	5	2			31

附录 3-2　对照组留学生语段表达原文及其词汇分布情况

编号	语段	甲	乙	丙	丁	超	总
1	说起于老师，大家都开始想她，说她是很了不起的老师。	12	2			1	15
	这样情况，既复杂，又危险，于是我很着急。	8	2				10
2	说起于老师大家都夸她，说她恨热情，了不起。	7	3	1		1	12
	如果不吃早饭，你学习的时，不聪明，上课的时，很饿。	11	2		2		15
	我见他这样学习，即会记住很多生词又难忘，于是我跟着他学习。	15	2		2	1	20
3	说起中国，大家都很大，说文化很丰富，有各种各样的菜。	14	1			2	17
	虽然经常不和爸爸聊天，难过时，我就找他，有很喜事时，我就想告诉他。	14	2	2	3		21
	学生们见他这样学习，即容易背，又了解得很快，于是也像他那样开始学习，那个学习办法在教室内成了流行。	25	3	2			30
4	说起于老师，大家都很喜欢她，说她是一个很了不起的老师，很聪明，也很漂亮	17	4			1	22
	老师叫我们写作业，做的彼时，我们都等候多时，接连三小时，旷日废时。	12		2	3	1	18
	其实用刀叉这样吃饭，即习惯了，又不能换别的吃法，于是就用刀叉吃面条!	13	2	3	3	2	23
5	说起于老师，大家都喜欢说她很好。	7	1	1		1	10
	回国时我非常高兴可是在我国家时我很想中国。	12			2	1	15
	我看到这样的衣服，又漂亮有便宜，于是需要买。	11	1	1			13
6	说起留学生，大家都很聪明，说他们是会说汉语的。	11	1			1	13
	孩子去学校时，他们很高兴，他们回家时也很高兴。	12			2		14
	我不明白这样的问题，即难，又复杂，于是我不回答。	10	2	1	1		14

编号	语段	甲	乙	丙	丁	超	总
7	说起爱情大家都笑起来，说爱是永远的。	9	1			1	11
	回国时我非常高兴可是在我的国家时我很想中国。	13			2	1	16
	我看到这样的衣服，又漂亮又便宜，于是需要买。	11	1	1			13
8	说起于老师，大家都特别佩服她，说她教汉语太好了，教汉语已经多年了，教导我们很厉害。	19	2	3		1	25
	上课有意思时，学生来上课，老师很生气时，他们也来，上课无聊时，学生常常没来上课，总之是个好老师。	16	4	2	5		27
	人们见他这样教汉语，即不无聊，又不会让学生睡着，于是也像他那样教起来，这个教法这样产生了。	23	3		3		29
9	说起于老师，大家都喜欢，说她很聪明的老师。	9	2			1	12
	虽然我很无聊，但看她时，我一点儿也没有无聊，因为她很漂亮，无聊时和平时要看一下好看的女生。	15	2	4	5	1	27
	这样不方便，即没有意思，又没有道理，于是我特别不好意思，那我怎么办呢。	17	2	1			20
10	说起周杰伦，大家都知道他，说他唱歌唱得特别好，至今他发表非常多专辑。我每天听他的歌。	18	3	1		4	26
	虽然听清楚和说清楚汉语很难，但有一天发现自己的汉语比以前提高时，我感受到很高兴的感觉。那时，我下决心更努力学习汉语。	28	4	1	3		36
	如果我妈妈知道我的留学生是这样，即高兴又期待我的成果，于是为了让妈妈开心我得继续努力。	19	4		2		25
11	说起北京语言大学外国人都很喜欢在哪儿学习汉语，说那里的老师们都很了不起，讲得很好。	21	1	1		2	25
	我遇到困难时我找我妈妈和她聊天儿，遇到了快乐时我还要先告诉她。所以她是我都时的朋友。	23	2	1	3		29
	我的朋友为了提高自己的汉语水平，他每天写汉字，听光盘和跟中国人多聊天儿，这样做，即提高了自己的汉语水平又交了很多朋友，于是我也决定了用他的办法学习汉语。	42	4			2	48

编号	语段	甲	乙	丙	丁	超	总
12	说起北京，大家都知道，说它是中国的首都，很多名胜古迹。	10				4	14
	上个放假我去青岛，到青岛时，我就去看看海边的海景，晚上时，我去卖吃饭的地方吃饭，然后第二天，我去青岛啤酒博物馆，我喝酒时很多，所以我觉得我醉了一点儿。	35	2	4	4	5	50
	我发现了这样学习的办法，即方便，又很快记得，于是下次我要再这样学习。	16	3	2			21
13	说起安娜，大家都很喜欢她，说她不仅是他们班最认真的学生之一，而且她也特别好友，每课给别的同学帮助。	23	3	1		3	30
	北京的天气太麻烦，冬天时，常常有雾霾；春天时，每天刮大风，夏天时，我每天汗流浃背。	15	2		3	3	23
	女生们见她这样打扮，头发即很利落，又很特别，于是她们今天都打扮得跟她一样。	15	5			2	22
14	说起我妈妈，大家都佩服，说她有素质和有头脑，很厉害的人。	12	1	2	1	1	17

附录 3-3 中国组被试语段表达原文及其词汇分布情况

编号	语段	甲	乙	丙	丁	超	总
1	说起咱们校长，大家都特别讨厌他，说他说话不算话，既小气又虚伪。	11	3		1	3	18
	女生在约会时，一般穿裙子；上班时，穿正装；运动时，穿休闲服。	7	4	1	3	2	17
	大家见他用 app 订外卖，这样既方便，又快捷，于是也都像他一样用起外卖 app 来了。	19	4			3	26
2	说起陈老太，大家都熟悉，说她是战争时期出了名的军医，不管多么恶劣的环境，她都坚持救死扶伤的原则，从未放弃自己的信仰。	18	8	1	3	3	33
	沙漏是我的秘密好友，受伤时的我会向他倾诉我的痛苦，开心时我会对他讲述我激动的心情，苦恼时我会毫无保留的把自己的想法倒给他，无论是怎样的我，他都接纳了我。	30	10	2	7	4	53
	这个方法既不会伤害彼此，又不会显得尴尬，于是他们达成一致接收了第三个方案。	12	5	3	1	1	22
3	说到权志龙，大家都特别喜欢他，说他是盛世美颜，从出道到现在，一直受到大家的追捧。	16	3		2	4	25
	爱情虽然不会让你丰衣足食，但在你寒冷时，会让你觉得温暖如春；在你流浪时，会让你觉得随处可栖；在你贫穷时，会让你觉得富甲一方。	24	8	1	4	3	40
	他这样努力学习，既提高了自己的成绩，又让父母感到骄傲，于是父母给他出国旅游的奖励，促使他愈加向上。	18	5	3		4	30

编号	语段	甲	乙	丙	丁	超	总
4	说起王老师，大家都很喜欢他，说他是全能幽默型老师，上课的时候他总能激起学生们的学习兴趣，教学能力十分优秀。	21	4	3	4	1	33
	夏天来了，天热时，你会不自觉打开空调；空调开着时，你好像住进了冰箱；空调关掉时，你就好像进入了烤箱。	18	3	3	7	2	33
	我们看见他这样温和的笑着，既没有教授的架子，又没有学者严厉的神态，于是纷纷向他提问，和他进行交流。	15	5	5	2	1	28
5	说起中国，大家都特别喜欢，说中国地大物博，风景优美，好吃的也特别多。	10	2			4	16
	年轻的我们总是横冲直撞，肆意享受。该读书时，用游戏填充宝贵的时间；该考试时，看着似曾相识的题目发呆；该收获成功时，却只能羡慕他人。	10	12	3	6	4	35
	看着躺在病床上的爷爷这样躺着，既不能吃饭，又无法说话，于是她默默地哭了。	12	3	4	3	2	24
6	说起王老师，大家都咬牙切齿，说他没良心，只会为了自己的利益考虑，从来不管学生死活。	12	5	2	2	2	23
	其实她于我就是这样的一个存在，遇到挫折时，她会鼓励我寻找解决的办法；开心得意时，她能和我一起分享我的快乐；心灰意冷时，她的陪伴能让我鼓起重头再来的勇气。	25	10	5	6	3	49
	他把包这样设计，既能防盗，又能节省力气，于是很多厂商都来购买这个版权，这个设计师就火起来了。	10	9	5	2	2	28
7	说起张老师，大家都很尊敬他，说他是位难得的好老师，知识渊博，对待学生也十分亲切。	15	3	3		2	23

编号	语段	甲	乙	丙	丁	超	总
7	朋友是人一生的财富，欢乐时，你可与他分享心中的喜悦；悲伤时，你可以向他倾吐心中的忧愁；迷茫时你可以从他那里获得前进的方向和动力。	19	7	5	5	3	39
	同学们见他这样整理笔记，既节约时间，又能全面清晰地总结知识，于是也学习这种方法，果然提升了学习效率。	16	9	2	1		28
8	说起泰国，大家都想去看看，说它是旅游胜地，有普吉岛、沙美岛等众多岛屿，风景优美，适合度假。	9	6	5	1	4	25
	虽然王明心直口快，得罪了不少人。但当你心情不好时，他会细心地安慰你；你职位晋升时，他会发自肺腑祝贺你；你遇到麻烦事时，他会竭尽全力帮你解决。	23	5	3	5	5	41
	这件机场新 look，被她这样穿，既保暖又时尚，于是在各大潮店风靡一时、抢购一空。	12	4	2	4		22
9	说起叶师傅，大家都特别崇拜他，说他是咏春高手，把咏春拳发扬光大，居功至伟。	11	2	2	3	6	24
	每当下雨天，虽已听过很多次，但少年时，只知追欢逐笑享受陶醉，想去看更远的世界；青年时，独自飘泊在偌大的北京，触景伤怀，如今听时，处境之萧索，心境之凄凉。	19	9	12	6	7	53
	新能源这样的汽车，即方便，又环保，于是政府也开始大力推广起来了。	11	6	1			18
10	说起张老师，大家都觉得特别不容易，说她工作经常加班，下班还要接孩子，照顾老人。	15	2	2	1	1	21
	有一个好朋友是很幸福的，开心时，我们一起分享；难过时，我们一起承受；孤独时，我们互相陪伴。	13	2	1	6	2	24
	朋友见小张这样装修房子，既能充分利用空间，又花不了太多钱，于是都照着小张家装修起来。	18	8	3	1		30

编号	语段	甲	乙	丙	丁	超	总
11	说起李小龙，大家都很崇拜他，说他是功夫之王，他的电影影响了一代又一代人，很多西方人通过他才开始认识和学习中国功夫。	23	5	4	2	3	37
	宝玉对黛玉的怜爱体现在很多细节上，黛玉每次生病时，他会时刻挂在心上，细问黛玉日常起居的情况；别人在他面前说黛玉的不好时，他会毫无保留地维护黛玉；当紫鹃故意编谎试探他的心意时，宝玉以为黛玉就要离开贾府，发了痰迷之症。	34	11	10	7	13	75
	穆青想到如果就这样半途而废，既浪费了之前付出的时间和金钱，又要承受失利的打击，于是她鼓起信心，继续考驾照。	13	9	5	6	2	35
12	说起北京人，大家都都投出不屑的目光，说他们一个个趾高气扬，习惯性的看不起外来人口，自大的很厉害。	17	7	2		4	30
	油条泡豆浆，虽然不是什么昂贵的佳肴，但吃油条时，总不忍不住想念豆浆；喝豆浆时，又忍不住想念油条；当油条和豆浆都有的时候，你会很自然的把它俩搅拌在一起。	25	6	9	4	5	49
	这样的好习惯，既完善了自我，又方便了他人，于是大家都争相效仿，国民素质就这样提高了。	12	5	3	3	2	25
13	说起中国菜，大家都赞不绝口，说中国菜是最好吃的菜，流传了几千年，非常美味。	17	1	4	4		26
	妈妈对我们的爱非常伟大，虽然不会让我们血液沸腾，但伤心时，我们会向妈妈寻求安慰；高兴时，我们会打电话告诉妈妈；看到美好的东西时，我们会很自然地想到妈妈。	31	7	3	4		45
	小利听到朋友这样说话，既不伤心，又不难过，于是他们的关系逐渐变淡，再也不联系了。	18	6	1			25

后　记

这本书得以现在的面貌呈现给读者，首先要感谢北京语言大学汉语进修学院的诸位领导与师生的配合。在进行“初级汉语综合课”的教学时，我们深切感到语段教学的重要性，但限于手头并没有适用、配套的教辅材料和练习素材。从2016年开始，由我院领导牵头，并由本书的几位作者联合编写了《成功之路·进步篇》第一册和第二册的语段练习材料，在学院开设了多轮实验课程，每个学期结束时我们都会吸取任课教师和听课学生的各种意见与建议，以使这些讲义更切实符合初级汉语教学的需要，对下一届学生有更多的帮助。这四年来，我们不断更新讲义内容，并在2017—2018年，采用了实验班级和对照班级同步教学的方式，初步证明了这些教辅材料与新教学方法的有效性和可行性，为初级汉语语段教学的实施提供了理论和实践依据。

感谢北京语言大学汉语进修学院历届领导对我们工作的信任、支持和鼓励，使我们的教学方法得以不断发展、成熟。在进行了近四年的理论探讨和教学实验之后，我们决定将已有成果汇集成书，供各位教员、研究者参考。在研究实施的过程中，我们也要感谢北京语言大学的战立侃老师、于萍老师、孟艳华老师、孙飞鹏老师、穆雅丽同学、石高峰同学、胡伯文同学，浙江科技学院的应玮老师等。他们或作为教学实验的参加者，或作为教学研究的参与者，为该项目的实施和著作的撰写都提供了诸多帮助。感谢中国书籍出版社有关负责人积极筹划本书的出版，感谢责任编辑王星舒老师的辛劳付出。本书在审校过程中，历经多次修改，王老师都耐心地为我的编加，订正。再次对以上师生表示感谢。

由于作者水平有限，如有不当之处，敬请同仁们批评指正。

作者

2019年6月于北京